光是
毕业的纪念册

集萃丛书·时光不老系列

《中学生博览》杂志社 选编

时代文艺出版社

图书在版编目（CIP）数据

时光是青春毕业的纪念册 /《中学生博览》杂志社
选编. -- 长春：时代文艺出版社, 2021.6
（青春美文精品集萃丛书. 时光不老系列）
ISBN 978-7-5387-6639-4

Ⅰ. ①时… Ⅱ. ①中… Ⅲ. ①作文－中小学－选集
Ⅳ. ①H194.5

中国版本图书馆CIP数据核字(2021)第068026号

时光是青春毕业的纪念册

SHIGUANG SHI QINGCHUN BIYE DE JINIANCE

《中学生博览》杂志社　选编

出 品 人：陈　琛
责任编辑：王　峰
装帧设计：任　奕
排版制作：隋淑凤

出版发行：时代文艺出版社
地　　址：长春市福祉大路5788号　龙腾国际大厦A座15层　（130118）
电　　话：0431-81629751（总编办）　　0431-81629755（发行部）
网　　址：weibo.com/tlapress（官方微博）　　sdwycbsgf.tmall.com（天猫旗舰店）
开　　本：880mm×1230mm　1/32
字　　数：135千字
印　　张：7
印　　刷：三河市嵩川印刷有限公司
版　　次：2021年6月第1版
印　　次：2021年6月第1次印刷
定　　价：36.00元

图书如有印装错误　请寄回印厂调换

编 委 会

嫉妒也灿烂

Hancoke

1

所有的故事都是从同桌开始的，我和陈汐亦不例外。

高一开学那天，我就因为堵车姗姗来迟，到教室时座位差不多被占满了，正在我尴尬又着急的时候，一个甜美的声音叫住了我："嘿！我旁边的位置是空的，要不你就坐这儿吧？"

我回过头，一张好看的脸映入眼帘。真正的美人胚子——这是我对陈汐的第一印象。

十几岁女生的友谊来得异常简单，一起手挽着手上厕所，一起坐公交车回家，一起分享几个别人不知道的秘密过后，我和陈汐也理所当然地成为好朋友。

时光里最好的自己

时光是青春毕业的纪念册

遇见你时，恰逢青春

躲在葵花园里的夏天

绿围裙的夏天

Contents
目 录

2

像陈汐这样的美女，开学没多久就成为男生们追捧的对象，再加上她学习成绩也出人意料的好，更是被大家追捧成了女神。

而整日和她待在一起的我，也自然而然地，被大家冠以另一个名称——陈汐的朋友。

"喂，你是陈汐的朋友吧？帮我把这个给她吧？"

"那个……陈汐的朋友……"

那么多男生中，我印象最深的是周陌然，只有他托我转交给陈汐的礼物不会被我丢进垃圾桶里，原因是他从来都不会叫我"陈汐的朋友"——他是唯一一个会记住我名字的人，常常会挂着"又打扰你了"的略带抱歉的笑容，认真地恳求我："可以帮我把这个给陈汐吗？我希望她能喜欢听。"

我接过那张封面印着周杰伦照片的旧CD，重重地点了点头。

要是送给我的该多好啊。当自己被脑海中这个突如其来的奇怪的想法吓到时，我用力地拍了拍自己的脑袋。

"呶，周陌然让我给你的。"我把那张CD放在陈汐的桌子上。

"什么啊这是……"她抬起头，瞥了一眼后说道：

"等会儿你趁没人的时候帮我扔了吧，秘密啊。"

"喂，人家可是篮球队队长诶，就这么对他？"我忍不住打抱不平。

"四肢发达，大脑简单。"她淡淡地吐出四个字。

"那你不喜欢他，为什么不跟人家说清楚……"不知道为什么，我有些反感陈汐这样不明不白的态度。

她狡黠地看着我，揶揄道："你怎么这么激动？噢！难道你喜欢……"

"什么跟什么啊！"她的话还没说完，就被我故作生气的语气打断。

但那一次，我破天荒地没有像以前那样，帮陈汐丢掉她不喜欢的礼物，原因我也说不出来，我只是觉得，那么经典的CD就这样被扔掉有点可惜。

那是一张很多年前的专辑，那时的周杰伦还没有为人父，只是一个穿着白背心的青涩少年，他在荧幕里唱："爱可不可以简简单单没有伤害……"

我突然想起周陌然那张认真的脸和陈汐漫不经心的样子。

心里突然酸酸的。

3

现在回想起来，那时的我其实是不大喜欢陈汐的吧。

怎么去形容这种微妙而又奇怪的感觉呢？《致我们终将逝去的青春》里的郑薇一开始对阮莞的那种不待见——因为自己原本的光芒完完全全被她更闪耀更夺目的光芒所遮挡。

只不过，我表现得更加隐蔽些罢了。

直到我看见陈汐的家。

因为顺路，我和陈汐每天都会一起坐同一班公交车回家，而且两家的小区也离得很近，但很奇怪，陈汐却从来不愿让我去她家，甚至连具体的位置也不愿意透露。

打破这个谜是在某天放学和她分开后不久，我突然想起历史课本还在她那，而晚上写作业就要用，怀着"现在返回去肯定追得上"的想法，我急忙原路返回了，但却早已无人影踪。

我只好凭着印象找到了她所说的那个小区，可偌大的小区我一点儿头绪也没有，就在我踏出小区门口的时候，看见小区对面的不远处有一片低矮的平房。

走近了才看见，那里有一家小卖铺，招牌应该是用了很多年了，早已失去了颜色，但那招牌上的字却引起了我的注意——"汐汐商店"。

这个"汐"并不是一个常见字，直觉告诉我这很有可能就是陈汐家的店，我迈开了步子径直向里走。

两张麻将桌挤满了屋子，麻将轰隆隆翻滚的声音异常响亮。

哪里是什么商店，明明就是麻将馆嘛。就在我准备离去时，我看见最里面那个正在奋力搓麻将的妇人尖声喊道："汐汐！快点烧饭！老娘要饿死了！"

接着，她用一种嫌弃的口吻向身边的人埋怨道："这个死丫头，要是现在去找点工作可以给我省多少钱哦……"

我再也按捺不住，朝屋内走进去——

刚刚笑着和我说再见的陈汐，安静地坐在被麻将声充斥的房间里，全神贯注地写着作业，她的背脊挺得笔直，隐隐约约散发着一股倔强的气息。我突然觉得，在那样简陋的环境里，她是唯一的风景。

但陈汐不这样想。

对于我的到来，她的脸上出现了从未有过的慌张，但很快就强压下去，佯装镇定。

"我的历史课本还在你这，我就找过来了……"我急忙解释。

她若有所思地点点头，没再说话。过了半晌，她突然问我："我家很破吧？"

我怔了怔，随即反应过来："还好啦，不过你真的好认真！"

"你看到的都是真的，我爸妈每天只会打麻将，家务都是我来，他们觉得我初中毕业后就应该找工作回馈家庭，所以我……"她自嘲地耸耸肩膀。

我对她之前所怀有的所有隔阂在顷刻间烟消云散，因为我开始无比心疼这个表面骄傲但比谁都辛苦的姑娘。

所以我走过去，抱了抱她，轻声说道："那我也告诉你一个秘密好了。"

4

那天之后，我和陈汐似乎成了真正的亲密无间的好朋友。

两个月后，我们俩被选为高中组代表去北京参加全国英语竞赛。这么多年来，英语一直是我的强项，而陈汐，似乎每一门学科都是她的强项。

路过天安门的时候，陈汐把头靠在车窗上，坚定地说道："我以后，一定要来这里。"

雾气穿过她年轻的脖子，十几岁渴望的眼睛里夹杂着壮志的雄心与沉甸甸的梦想。

时隔多年，我依然记得那幅画面。

比赛的前一天我收到了周陌然的信息——"记得帮我和陈汐说加油，对了，你也要加油。"

不知道为什么，这次我不想帮周陌然转达，甚至连短信也没有回。

比赛结果出来是两个星期后，班主任把我叫到办公室："明天你和老师去参加颁奖典礼。"

我也很高兴，点点头："好啊，我和陈汐一起去。"

老师略带得意，露出狡黠的笑容："全校只有一个人获奖，出在我们班已经很不错了，你们俩都获奖，那我就不敢奢望了，嘿嘿，说不定下次有可能。"

我有些意外，赛前我紧张到不行，倒是陈汐从容不迫，比赛前几分钟还在认真地看笔记，怎么会没有获奖呢？就算只有一个人获奖，那个人也应该是她，而不是我。

不过，我一想到隆重的颁奖典礼，想到老师满意的目光，我的心里就被喜悦填得满满的。

我获奖的消息很快传遍了学校，来来往往的同学无一不在向我道喜，回到座位上，陈汐正在奋笔疾书，倒让我有些不自在。

我决定先发制人。

"陈汐，我也没想到获奖的会是我，估计是运气比较好，不过你下次肯定会比我更好的！"说完，我还干巴巴地笑了两声以示轻松。

她沉默良久，忽然开口，慢吞吞地吐出三个字："祝贺你！"

时隔多年，我仍记得她说这句话时，眼里射出来的森森凉气，令我不寒而栗。

5

之后我和陈汐如往常般，一起上课上厕所回家，但不知为什么，我总觉得有哪里不对。

打破僵局的是某一节自习课，鸦雀无声的教室里忽然传来一阵骚动，声音由小及大，很快，整个班的人都停下了笔。

陈汐正把头埋在抽屉里，似乎在翻找什么，她的桌子上也堆满了从抽屉里掏出来的书、作业本、考试卷……

一问才知道，她的东西不见了，早上还在，课间操回来就没了。

是一张一百块钱和一支钢笔。

那支笔是周陌然让我帮忙转交的，我见过，笔杆上还写着"made in Japan"。

班长说："麻烦坐在陈汐周围的同学们把自己的抽屉打开，我们这样主要是为了避嫌，没有任何恶意。"

于是每个人都打开了自己的抽屉，我也大大方方地掀开了自己的桌子，下一秒，陈汐突然指着我书包最外面的夹层里露出来的红色，胸有成竹地说道："这也有一百块，会不会是我的？"

说完，她便伸出手去摸里面的夹层，掏出一支钢笔，镇定地望着我。

那支钢笔和周陌然送的那支一模一样。

可是它怎么会出现在我的书包里？

陈汐此刻的表情，高傲而平静，宛如一个刚打了一场胜仗的士兵，摇晃着战利品问我："为什么？"

我彻底傻了。

接着，我听见她骄傲地向大家宣布："找到了！没事了！"

我急得浑身直冒汗，连连解释道："这不是我的……我也不知道怎么会在我这里……"

她突然转过头，冷冰冰地看着我："我一直把你当作我最好的朋友，你为什么要这样？"

我急哭了，不停地摇着头："陈汐你知道的啊，我不可能偷你东西的，何况我也不缺这点儿钱啊……"

陈汐使出了她的撒手锏，冷笑道："你不缺钱？别人不知道就算了，我怎么会不知道？你爸妈要离婚了，没人愿意管你，所以你才偷同学的钱！"

委屈，愤怒，惊讶，痛苦，在那一刻一切仿佛静止了。我突然明白过来，这是陈汐的杰作。在那个被我发现她不想为人所知的秘密的傍晚，为了安慰她，我也告诉了她我的秘密——我即将走向破碎的家庭，我以为这些秘密会使我们俩惺惺相惜，但却怎么也没想到会变成陈汐当众让我出丑的武器。

6

后来呢?

后来我和陈汐换了同桌,班主任出面向全班同学解释这件事是一个误会,年轻人的注意力总会伴随着更新鲜的事物而转移,大家很快就忘记了这件事。

可是我没有。

我曾无数次回想过那个早晨,想起陈汐平静而高傲的脸,很久以后我才明白,一直横亘在我们之间的,那种微妙的情感,叫作嫉妒。

她嫉妒我的家境优越,不用每天在麻将声中过日子,嫉妒我可以在发挥不好的情况下也能拿到全国比赛的名次。

那我呢?扪心自问我没有嫉妒吗——不,我简直嫉妒死了。

我嫉妒她表面装出来的从容与淡定,嫉妒她优于常人的外表和众多同龄男生的青睐。

所以,我才会那么讨厌她不珍重周陌然的好意,才会在得知她未得奖后偷偷地生出一种胜利感,在意外发现她家境后不经意流露出的优越感……

被冤枉被陷害的人虽然是我,但在这段友谊里,我也并不是尽善尽美。

很快我们就分了班，我和陈汐幸运地没有被分在同一个班，但我们却不约而同地成了彼此的假想敌。

每次月考，只要她考了第一名，下一次占据第一宝座的那个人，一定会是我，她亦是如此。偶尔遇见时，我们会默契地自动忽视对方，但也默契地互相关注着对方的动态。

所以，当我终于来到了梦寐以求的北京时，我突然就想起了好几年前，那个说着"我以后一定要来这里"的女生。

而最巧的是，在新生办理入学手续的大厅里，我竟然看见了那个久违的背影——坚毅的冷漠的但也铿锵有力的背影。

那一刻，我突然明白，年少的嫉妒让我们成为彼此的敌人，但亦是因为这份嫉妒，让我们不约而同，都成了更好的人。

时光里最好的自己

马轻轻

1

遇见顾麦的时候，我还是一个情窦未开的疯丫头，总是穿着肥肥大大的T恤，留着齐耳的短发，在操场上不顾形象地跟男生打闹成一片。

男生们都说，我们就喜欢你这样的女生，不娇气，讲义气！

我拍拍胸脯咧着嘴大笑，那是，也不看我苏果果是谁！女中豪杰第一人！

于是，当所有女生都在课间里讨论昨晚狗血的电视剧男主角如何帅得惨绝人寰时，我往往满口唾沫星子地在和一大帮男生争论国足到底能否冲出亚洲。当所有女生因为怕晒而躲在树荫下不上体育课时，我往往已在烈日下挥汗如雨抢着膀子扔沙包。当所有女生见到虫子就吓得哇哇大叫花容失色时，我常常面不改色淡定地捏起这些可爱的小家伙儿把它们放生于窗外。

男生里几乎没有人把我当成女生，就连我自己也没把这当成过事儿。我从来没觉得这有什么不好，我苏果果除了名字还像点儿女生之外，就是活生生的一条女汉子。

可是林雨薇的出现，让我在男生中的地位受到了极大动摇。

林雨薇人如其名，给人感觉柔柔弱弱，温婉可人，又具诗情画意。白皙的皮肤，黑长直的头发柔顺地披在肩上，湿润灵动的眼睛谁看见都忍不住心动三分。她是这学期新来的转校生，当班主任领着她走进班级时，我用毛孔都能感受到周围男生的眼睛熠熠生辉。

"林雨薇真好看，感觉像仙女下凡，我要是能和她坐同桌就好了。"旁边的周晓木咂砸嘴说道，那样子像极了一个臭流氓。

"我呸！"我一拳打在周晓木的背上，疼得他龇牙咧嘴，"肤浅，你们男生就是肤浅。"更何况，他竟敢当着我这个正牌同桌说出这样的话来，简直就是活得不耐烦了。

"我就是说说而已……"周晓木哭丧着脸，一副"你干吗又打我"的哀怨神情。

"哪位同学愿意主动和林雨薇坐同桌。"林雨薇简单地做了个自我介绍后，班主任笑眯眯地询问大家。

"我！"我反应迅速身手敏捷以迅雷不及掩耳之势第一个把手高高举了起来，然后便听到了一大群来自男生们的心碎和叹息。

"苏果果你你你……"周晓木被我的举动气得牙痒痒。

"我怎么了？"我不以为然地翻了个白眼。

"你薄情寡义没心没肺忘恩负义！"周晓木那架势恨不得想把我大卸八块，可我知道即使借他十个胆子他也不敢。

"幼稚。"我在他面前挥了挥拳头，周晓木就立刻乖乖闭上了嘴，搬着课桌不情不愿地从我身边离开了。

2

美女的威力果然是巨大的，下课后林雨薇的座位旁立即被围了个水泄不通，大家七嘴八舌问七问八好不热闹，我上去拍了拍平时玩儿得好的几个男同学的肩膀："走，出去玩儿。"

谁知遭到大家一致摆手："不了不了，我们还要跟雨薇说说话呢。"

我只得百无聊赖地转着手中的笔，看着前几天还说着喜欢跟我在一起的男生们不停地对我的新同桌献着殷勤，那感觉，真是深刻理解了重色轻友这个词的含义。

我撇撇嘴四下寻找周晓木的身影，果不其然，他正趴在自己的新座位上呼呼大睡，我走过去，毫不留情地拍醒了他，周晓木刚要发火，一看是我就柔和了下来："怎么，想我这个老同桌了啊。"

我摇摇头，又点点头，周晓木往我的位置上瞅了瞅，就明白了我的意思："好了好了，别心情不好了，放学请你吃零食。"我瞬间心满意足地笑了。

要说起我和周晓木的关系呀，那简直三天三夜也说不完。周晓木住我家楼下，是个早产儿，小时候弱不禁风，常常趴在窗户上看我在楼下和一群孩子胡作非为，只有羡慕的份儿。有一次，周晓木实在忍不住偷偷溜出家门，就很不幸地碰见了坏孩子，他瘦小的身躯在寒风中瑟瑟发抖，像极了可怜又无助的小猫咪。

我本来是要去门口的小卖铺买零食吃，摸了摸口袋里寥寥无几的硬币，突然看到了路边周晓木求救的眼神，便豁然开朗。

我走过去，一副"这是我的人你们敢动他试试"的大义凛然，伸手推搡了他们几下，坏孩子们就一声不吭吓得跑开了。我把周晓木从地上拽起，周晓木看我的眼神散发出一种光来，那感觉，我就像是开天辟地拯救世界为民除害的新英雄。而我只是十分淡然地拍了拍他的肩膀："你要怎么感谢我。"

"我……我……"周晓木一时没反应过来有些吞吞吐吐。

"哎呀，真墨迹，请我吃你家的零食不就行了！"我提醒道。

周晓木这才恍然大悟，拉着我就向自家的小卖铺走去，他说，苏果果你放心，以后想吃什么就来找我，我家的小卖铺永远为你敞开免费的大门。

我忽然就眉开眼笑。

3

按照卫生值日表，这个星期最后一天是我和林雨薇值日。

男生们又是主动帮她擦黑板，又是主动帮忙扫地，身为同桌的我也第一次沾了光。想想以前，周晓木偷懒不值日的时候，哪一次不都是我一个人辛辛苦苦扫完整个班级的，也没见一个男生过来帮我一把。

林雨薇每次想拒绝他们的好意，就被我以"他们照顾新同学是应该的"为借口拦下了。

最后一项任务是倒垃圾，偏偏学校的垃圾场又离教学楼很远，要绕过一个操场，我摆摆手示意那些留下来想帮忙的男生都回家，想着该是我这个同桌上场展示一下威风了。男生们恋恋不舍，临走前还特意嘱咐："苏果果你多帮雨薇拿些，要照顾好新同学。"

我和林雨薇各拎着垃圾袋的一角一前一后地走着，让一个出落得干净水灵的姑娘拎着一大兜儿垃圾确实不好看，虽然我是女生，但也懂怜香惜玉，就从她手里硬抢了过来。天已经微微有些黑了，足球场上还有没回家的年轻男孩儿在挥洒汗水，为了走近道我拉着林雨薇直接横穿球场，脚风带着球的男孩子突然跑到我们面前冲我们大声吼着："让开啊让开！"

我半天才反应过来，原来我们只顾着说笑竟挡着球门了，球却比我们更快地迎了上来。眼看躲闪不及，我一把推开了站在我前面的林雨薇，然后清晰的疼痛便从小腿一直蔓延到大脑，我一屁股蹲在地上，垃圾袋儿也从手上掉落。

黑色塑料袋散发着难闻的腐烂气味，一大群人骂骂咧咧地围了上来，其中一个胖男孩儿冲我嚷嚷："好好踢球的心情都被你破坏了，还不把垃圾收走？"

林雨薇赶紧走到我身边拉我起来，也许没经历过这样的场景，眼里竟闪着些许泪光，问我疼不疼，然后弯下腰准备用手去拾散落一地的垃圾。我一把将她拦住，要知道我苏果果可不是吃素的："嚷嚷什么啊你，是你的球踢到我了大哥！要是以后我的腿落下什么后遗症你负责得起吗？"

可能是这边的动静太大，围观的人越来越多。人群突然被拨开，一个人走了进来。我到现在还能清晰地想起来那天的顾麦穿了身经典的阿迪运动衣，前额的头发在夜风中轻轻拂动，像极了一个拯救落难公主的天使。

可是下一秒，天使顾麦就把脸转向了林雨薇，声音温柔地说："你没事吧？"

4

事情因为顾麦的处理变得简单起来，他是大我们一届的学长，在学生会工作，他的话在我们这些人面前还是很有分量的。

我和林雨薇因为抄近道横穿操场有错在先，但是其他男生的态度十分恶劣也是不对的，所以操场上的垃圾应该由所有人一起处理。

顾麦率先蹲下来捡起了垃圾，在场的人也都觉得不好意思便加入进来。夜风温柔，我第一次觉得，连捡这些脏兮兮的垃圾都是一件十分美好的事。

"哎呀！"林雨薇一声低低的叫声划破了夜空的寂静。

"怎么了？"我连忙走到她身边询问。

"不知道被什么东西划了一道口子。"她把手伸出来让我看，食指上冒着细细的血珠。

"我带你去外面处理一下吧，免得感染。"顾麦的声音从身后传来，我准备为林雨薇掏纸巾的手在衣兜儿里停了下来。

"可是……"林雨薇看看我有些为难。

我知道她在犹豫什么，便冲她笑了笑："没事的，处理完伤口就先回家吧，这里有我呢！"林雨薇这才放心地和顾麦走了。

几个好事的男同学看着他们离开的背影在低低议论："是不是顾学长有点儿喜欢她啊？"

"这么温柔可人的女生谁不喜欢，哪像那个男人婆啊！"然后是一群人爽朗的笑声。

他们的声音清晰地传进我的耳朵里，可是争强好胜的我第一次沉默着没有回击，心里的酸涩却不停地冒出泡儿泡儿来。

回家的路上我走得很慢很慢，以至于比平时晚了很多，老妈就叫周晓木出来找我。周晓木看见我一副心事重重的样子，突然就哈哈大笑起来。

"有什么好笑的！"我没好气地给了他一拳。

"我十几年没见过你这样，哪天不都是活蹦乱跳的，连苏叔叔……"周晓木觉得自己说错了话，突然停了下来，"今天我们女豪杰这是怎么了，一副受了委屈的小媳妇模样？"

我低着头不停用脚踢着路边的小石子，然后突然抬头看向周晓木，很是认真地说："你说，我是不是真的太像男孩子了？"

"啊？"周晓木被我的话搞得一脸吃惊。

5

"听说昨晚林雨薇是被顾麦送回家的？"一大早我来到学校，前桌的女生就忍不住向我讨八卦。

"你们怎么知道顾麦的？"我一脸疑惑。

"这个学校里的女生就只有你不知道才对！也对哦，我们平时聊八卦的时候你都不参与的。"她鄙视地向我翻了一个白眼，还想再问些什么，看见林雨薇进了班也就把头乖乖地扭了过去。

"果果，顾麦说下星期学生会招新，我们可以去报名。"林雨薇刚坐下来就迫不及待地把这个好消息告诉我。

面试那天，林雨薇自我介绍时完美的舞蹈把我惊呆了，博得了台下评委的一致好评。顾麦也坐在台下，他的眼神看向林雨薇时总是格外温柔，这让我有一瞬间的失落。轮到我时，我挠挠了头皮，有些不好意思："我叫苏果果，虽然没什么拿得出手的特长，但我能吃苦能干活能打架不矫情，一个人顶两个女生的力气！我嘛，就是块砖，哪里需要哪里搬！"

顾麦憋不住扑哧一声笑出来，我自己也傻呵呵地跟着笑。

我和林雨薇顺利地进入了学生会，她在文艺部，而我在生活部。我每天表现得勤快极了，一大早就跑学生处帮忙擦桌子摆凳子扫地拖地，顾麦看着我热火朝天的模样，便好心地劝我："苏果果啊，你是生活部的成员，又不是保姆，没必要天天来打扫这里的。"

我把头摇得像拨浪鼓："没事的，这耽误不了多少时间。"他便也没再说什么。当然，顾麦是永远不会懂每天能见上他一面我心里就像开了花儿一般，怎么能不愿意干呢？

这天，我和林雨薇去学生处领给每班分配的课外读物，我自告奋勇抱了厚厚一摞，让林雨薇只拿了我的一半那么多，我们走在回班级的路上，她说："苏果果沉吗，我再帮你拿点儿吧！"

"不用，我可以的。"边说我还边围着她绕了一圈儿，林雨薇就笑了："苏果果，我挺羡慕你的……"

林雨薇说羡慕我？这把我自己都吓了一跳，刚想问为什么，就看见顾麦向我们挥了挥手走来："哟，苏果果的力气果然不一般啊！"

"那必须的必！"我傲娇地扬起了头。可是下一秒，顾麦就顺手把林雨薇手里抱着的书给接了过去，那么自然而然。

"学校最近要选一个人的舞蹈参加市里比赛，我觉得你的舞蹈底子不错，想找你加入……"我走在他们两个人的身后，听着他们的对话，看着两个人极其般配的背影，眼前的雾气越来越大。

6

"哟哟哟，女汉子怎么最近总是玻璃心啊！"周晓木竟然在我黯然伤神时不知死活地推开了我的卧室门。

"谁让你进来的！我这个周末哪儿也不去，让我静静！"我厌烦地向他摆摆手，我知道一定是老妈最近看我情绪不对，才想让周晓木带我出去玩儿。可是周晓木却把我的话当成了耳旁风，拉开了我的衣柜："穿这件裙子吧，这件也不错诶，这么多漂亮的裙子不穿多可惜啊！"

我呼啦一下站起来，凳子被我蹬出去好远。我夺过周晓木手里的衣服，一股脑儿把它们全部扔在地上。

"苏果果你发什么神经！这么多年都过去了，苏叔叔离开我们已经十几年了，你为什么还要这样，为什么就不能做自己呢！"周晓木的话像一把利剑穿过我的心脏，我突然呆若木鸡地停在原地不知所措。是啊，十几年都过去了，当初弱不禁风的周晓木也已经长成高高的个子，变得强壮，不再需要我的保护了。

可是妈妈呢？

十一年前的我才五岁，也是一个爱臭美爱穿裙子爱戴着五颜六色发饰的小姑娘。我的爸爸是名人民警察，他一直是我的榜样，让我觉得骄傲与自豪。可是，他却在一场缉拿凶手的案件里，光荣牺牲了。

很多人给我们送来鲜花、水果，甚至柴米油盐。那时候我还小，什么都不懂，直到有一天，我听见妈妈在卧室对着爸爸的照片偷偷哭泣，她说，老苏啊，她们都劝我改嫁，说我带着果果家里没个男人是不行的，可我舍不得你啊，也怕孩子跟着受委屈……

就是这样，她真的再也没嫁，而我也从那时候暗暗发誓，要变得像男子汉一样强壮，像爸爸一样去保护妈妈，保护这个家……我开始把所有好看的衣服都藏了起来，剪掉了头发，锻炼自己的性格，虽然妈妈每年还是会往衣柜里给我添几件最新款的裙子，我却一次也没有穿过它们。只有夜深人静的时候，我才敢把自己的情绪与委屈发泄出来，才敢穿上这些漂亮的衣服在镜子前转圈儿。

"你喜欢顾麦吗？"周晓木犹豫了很久，还是把这句话问了出来，没等我回答，又说道，"喜欢就去追啊，唯唯诺诺可不像你。不像我，总是不好意思说喜欢，只能心甘情愿地被你打一辈子……"周晓木的声音越来越小，可我还是清楚地听清了每一个字。

他捡起被我扔了一地的裙子，递到我怀里："苏果果我敢保证，星期一你要是穿上它们去学校，肯定美呆一群人！"然后揉了揉我的头发，"做自己吧。"

穿上裙子，系带凉鞋，妈妈看见我的时候，眼神亮了一下，格外高兴地嘱咐我多吃点早饭。来到班里，大家都被我的改变惊呆了，我忍着笑望了一眼周晓木，他却一副心事重重的样子。

然而今天的林雨薇，也有了很大的改变，一身简单的运动休闲装，头发扎成了高高的马尾，我们看向彼此，不语而笑。

她说："苏果果，以前的我一直被父母管教得十分严格，什么时间该干什么，去上什么补习班，穿什么衣服得体，都是被他们安排好的，甚至为了不影响成绩，让我放弃了最热爱的舞蹈。我说我羡慕你是因为你是自由的，而现在，我也要做回我自己了，这次的舞蹈，我不会放弃。"

我在课间来到周晓木的身边，敲了敲他的桌子："你喜欢苏果果吗？"周晓木愣了很久没有反应过来，我清了清嗓子继续说，"喜欢就去追啊，唯唯诺诺我可不喜欢……"

那天的阳光十分明媚，正好照在他红透了的脸上，可爱极了。

你看，我们都在最好的时光里，找到了最好的自己。

时光里最好的自己

最坏的结果不过是大器晚成

张爱笛声

1

今天是星期六，肖恩很早就起了床，又去菜市场把菜买回来，然后到厨房里开始做他和爸爸的午饭。其实这么多年来的每个星期六，妈妈都不会在家，他都已经习以为常了。爸爸是个上夜班的出租车司机，白天要补充睡眠，总是睡到中午才起床，所以星期六一早，肖恩不能和他们班上别的同学一样睡懒觉，他要定好闹钟，一到点儿就要起床去菜市场买菜。

肖恩的妈妈是个家庭主妇，多年的主妇生涯让她能把家中的一切打理得井井有条。一个星期中，除了星期六，肖恩每天都能吃到妈妈做得很可口的饭菜。阳台上的衣服已经晾了起来，地板已经抹过，屋里的每个地方都干干净净，邻居们都感叹，肖恩妈妈真是打理家务的一把好手。

如果，如果妈妈星期六也在家就好了，肖恩想。

"你妈妈又出去了？"

肖恩刚把煮熟的粥端出来，就看到爸爸从楼梯上走了下来。爸爸由于喜欢喝酒，又常常不运动，所以才三十几岁就已经有了一个大大的啤酒肚，加上他面目严肃，看起来有点儿像一个威风凛凛的大将军。

"嗯。"肖恩回答。

"肖恩啊，你能帮爸爸一个忙吗？"爸爸在餐桌上问肖恩。

"什么忙？爸爸你说。"

"你帮我调查一下你妈妈每个星期六都去干吗了？"爸爸说。

"这么多年了，爸爸你不是都习惯了吗？"从肖恩八岁开始，妈妈就教他做饭，等他学会做饭之后的每个星期六，妈妈都会很早就出门去，到晚上很晚才回来。肖恩和爸爸都问过她是为了什么事出门一整天，可是妈妈总是没有说。肖恩只知道，妈妈每次外出回来心情都会变得很好，因为她总是哼着歌。

"我前两天听说，有人看见你妈妈和她的初恋男友在一起聊天，我想知道，她每个星期六是不是去见他了？"爸爸说到这里，显然有些担心又有些气愤。

"妈妈不是这样的人，"肖恩小声为妈妈辩解，却还是答应了爸爸的要求，"那我下个周六偷偷跟踪妈妈，看她究竟是做什么去了。"

2

又一个星期六。

妈妈六点钟就起床了，肖恩听到妈妈走动的声音，忙爬起床穿好衣服，又把昨晚买好的面包往嘴里塞，细细咀嚼，声音很小，因为他怕妈妈发现。

吃完早餐之后，妈妈出门了，三分钟之后，肖恩也立马追了出去。本来一切都进行得很顺利，不过肖恩怎么也没想到他会碰到汪玥玥。汪玥玥住在肖恩家楼上，两个人念同一间高中，肖恩比她大一届。

"肖恩，你这么早干吗去啊？今天周六喔。"汪玥玥说。

"我晨跑。"肖恩胡乱说了个理由，眼睛却一直盯着前方妈妈的方向，糟了，妈妈越走越远了。

"昨天下了雨，地上湿湿的，你还是不要跑步了吧，小心摔倒，"汪玥玥好心提醒，随后说，"那我上课去了。"

"上什么课？今天不是周六吗？"肖恩不解。

汪玥玥小声说，"我去上舞蹈课。"

"你妈妈不是不让你跳舞吗？"肖恩还记得，那天他看到汪玥玥的妈妈把她的舞蹈服和舞蹈鞋统统扔掉，那几日，楼上总是传来汪玥玥的哭声和她妈妈的怒吼声，肖恩以为，汪玥玥一定已经放弃舞蹈了。

"我偷偷去上，"汪玥玥看了看表，"我先走了，回头再说。"

汪玥玥走后，肖恩才想起跟踪妈妈的事，忙拔腿就往妈妈的方向跑去。好在，妈妈还在车站等车，一切都还来得及。

车来了，妈妈坐在车前头，肖恩坐在最后一排，妈妈始终没有回头，自然也就没有发现他。

车开往郊外，下车的时候，肖恩更疑惑了，妈妈来郊外干什么呢？这里什么建筑都没有，只有森林小河，还有一些杂草。

妈妈走到小河边的一棵大树下坐下来，从背着的包里拿出画板、画笔、颜料，然后开始画画。什么？画画？肖恩揉揉自己的眼睛，还以为自己看错了。他从来就没有见过妈妈画画，而且妈妈也从来不看任何关于美术方面的书，就连他小学时的美术课本，她都没有翻过。

可是妈妈，真的是在画画，而且是在很认真地画画。肖恩在远处观察了她一天，夜幕降临时，妈妈背起画夹回家，一路上都在哼着小曲儿。

晚上，妈妈在厨房洗碗，爸爸溜进肖恩的房间，问他，"你妈妈今天去了什么地方，见了什么人？"

"爸爸，事实并不像你说的那样，妈妈她没有和初恋情人见面，我保证。"肖恩回答。

"那她去干什么了？"

"她去当社工了，去看望老人和孤儿。"肖恩说了谎，但不知为什么，他就是很想为妈妈保守秘密，因为他觉得妈妈在画画的时候是最快乐的。

"当社工为什么要瞒着我们？"爸爸还是不相信。

"当社工是没有报酬的，爸爸你不是常常说没有钱的工作别去做吗，可能妈妈怕你反对吧。"

"噢，是这样，"爸爸喃喃自语，"不过没有钱的工作最好还是不要做，肖恩，你好好学习，将来找一份能赚大钱的工作。"

肖恩点头，"知道了，爸爸。"

肖恩知道爸爸工作很累，整个家都是靠他一个人撑起来的。但是肖恩始终觉得，工作并不只是为了钱，如果出于热爱而去做一份工作，那么就会从中得到快乐，只是出于对钱的渴望而从事一份工作，那就和机器差不多了。

他可不要做机器。

3

期末考试后，楼上常常传来汪玥玥和她妈妈的争执声。

"考得这么差,你能把心思放在学习上吗?你看看你,成绩都在全班的下游了,你还每天躲在房间里看什么舞蹈比赛,跳舞能让你吃饱饭吗?我跟你说,你下次再考这样的成绩,我就把你那些舞蹈CD全部烧了,让你看。"

很快,汪玥玥妈妈就拉着汪玥玥敲开了肖恩家的门。

"肖恩啊,阿姨给汪玥玥报了一个辅导班,补习英语和数学的,刚好和你同一个班,你帮我好好盯着她,学习上她如果有困难你多帮帮她。"

肖恩应允。

可是仅仅上了一天的辅导班,汪玥玥就不见了。肖恩给她打电话,她说:"肖恩,我在对面的舞蹈班上课,你下课了等等我,我们一起回去,别让我妈发现。我妈要是问起,你一定要说我是在补习英语和数学,别说漏了嘴。"

"你是让我和你妈妈说谎?"肖恩有些不愿意。

"肖恩,你这是善意的谎言,没有人会怪你的。"

肖恩望向窗外,对面那一栋楼,是一个舞蹈培训班。透过透明的玻璃望过去,可以看到汪玥玥穿着舞蹈鞋在地板上起舞,她的舞姿优美,像只白天鹅。好几次摔倒,好几次爬起,她都没有停下来,争分夺秒地训练。肖恩觉得,这时候的汪玥玥,最美丽。

　　上完课，两个人结伴回家，在快到小区门口的时候，汪玥玥提着舞蹈服和舞蹈鞋很为难地对肖恩说，"我不能把关于舞蹈的东西带回家，我妈妈知道后会生气的。肖恩，我可以把它放到你的书包里吗？"

　　肖恩犹豫了一下，还是点头，他把东西塞到书包里，"汪玥玥，你真的很喜欢跳舞吗？"

　　"我不骗你，我不是三分钟热度，而是真的热爱。"汪玥玥笑着说，"小时候我妈妈送我去跳舞，是觉得女孩子要有一个好的仪态，她万万没想到，我竟然爱上了跳舞。可是她也知道，学跳舞要花很多钱，而且学跳舞的女孩子以后找工作很难，除非跳得十分出色。其实我也理解妈妈，跳舞要吃很多苦，我的脚踝、背脊都受过伤，而且以后万一跳不出成绩，还要吃生活的苦，她爱我，所以不想我去走这么艰难的路。"

　　"如果她一定要你放弃呢？"

　　"我放弃过，"汪玥玥接着说，"我上初中以后，妈妈就不让我跳舞了，她说要把心思放在学习上。退了舞蹈班，也不参加学校的舞蹈社团，我那时候每天都很难过，经过舞蹈教室时，我都走得很快，因为我多看一眼都会掉眼泪。后来我想明白了，这是我的梦想，既然放弃不了，那就一定要坚持。所以，不管怎么艰难，我都会一直走下去的。"

　　"我会帮你保守这个秘密。"肖恩给了汪玥玥一颗定心丸。

4

其实肖恩自己也有个秘密。

他们家那个旧阁楼，是他的小天地。阁楼里放着很多老旧的东西，在一个角落里，有一台年代久远的缝纫机。一开始他只是对这部缝纫机有些好奇，可是当他使用过一次之后，他捧着自己制作出来的衣服，开心得简直要飞上天。

他觉得自己肯定是有天赋的，要不然怎么会第一次使用缝纫机就能做出一条好看的裤子呢？得到这个认知之后，他便把大量的时间花在了这个小阁楼里。爸爸晚上要上班，妈妈晚上很早就睡觉了，夜深人静之后，他就钻进小阁楼，享受属于他一个人的小时光。

这天晚上回家之后，肖恩又进入了小阁楼。母亲节快到了，他想为妈妈设计和制作一件衣服。他常常上网去浏览关于服装设计的网页，也在网上上过很多关于这方面的课，他觉得，他一定能设计出一件令妈妈喜欢的衣服。连续几天，肖恩都在小阁楼里忙着进行他的"小工程"。

可是有一天，由于下暴雨的关系，肖恩爸爸很早就下了班，当他走进自己的房间时，听到小阁楼里传来一阵阵细微的声音。有谁会在又破又闷的小阁楼里呢？他以为是家里来了贼，猛地推开了门，却看到坐在椅子上踩着缝纫机的肖恩。

"肖恩，你在做什么？"爸爸问。

"我……"肖恩结结巴巴，把手中的衣服往身后藏，可是被爸爸一把夺了过去，"你竟然在缝纫衣服，女人才干的活，你竟然做这个？"

肖恩见他似乎想撕掉这件衣服，忙大喊起来，"这是我送给妈妈母亲节的礼物，爸爸你还给我吧。"

"你妈妈不需要你给她做衣服！"爸爸把那衣服扔到地上，"你是不是打算以后要靠缝制衣服来谋生？没有脑子的蠢货！"

肖恩捧着那件衣服，心里很难过。

5

十八岁的肖恩考上了一所很有名的大学，念金融。第二年，汪玥玥也参加了高考，她擅自改了高考志愿，到了离家很远的一所大学念舞蹈专业，听说她妈妈气得好长一段时间都没有理过她。

肖恩的大学过得很平淡。这个专业是爸爸为他挑的，因为爸爸说这个专业最有"钱途"。肖恩不喜欢，但也不排斥，他想早点赚钱，减轻爸爸的负担。

有时他想到自己的梦想，看到电视上那些服装设计师带着自己的作品参加各种时装展的时候他也会觉得难过，放弃梦想是件很遗憾的事。好在，他身边的很多同学连梦想都没有，所以慢慢地，他也习惯了。

他偶尔会在微博上看到汪玥玥的近况。她读的是舞蹈专业，每天在练功房里待到很晚，她参加很多舞蹈比赛，拿了很多奖……她有时会给他打电话，她在电话里欢快地说，"肖恩，我感觉我在慢慢实现自己的梦想，即使为此我放弃了许多，也让妈妈伤了心，可是我相信总有一天，我会让她以我为荣的。"汪玥玥知道自己想要的是什么，一步步地朝着自己的方向走，丝毫没有迷茫。

而他，只敢买来一沓白纸，在白纸上画出自己设计的服装，幻想着有人会喜欢它，穿上它走在街头。他在一个服装设计室里当旁听生，那么多的学生里，他是最认真的一个。他发现自己的双手在触摸到那些布料的时候，心里突然有了安定的感觉。

大学毕业后，他成了一家金融公司的员工。他工作出色，薪水也不低，爸爸给他打来电话，夸他有出息，再过几年就能买房买车，过上人人艳羡的生活了。

人人艳羡又如何？这样的生活不是他想要的。他脚踩着写字楼的地板，却向往着一个小小的属于他的服装设计室。

又是一年母亲节，肖恩回了家，送给妈妈一条很美的项链，价格昂贵，花了他半个月的薪水。可是妈妈笑着说，"我还是比较喜欢藏在阁楼里的那件连衣裙，那是我收到的最棒的母亲节礼物。"

"你看到那件衣服了？"肖恩很惊讶，因为自从爸爸发现他阁楼里的秘密之后，他就再也没有去过阁楼，那件衣服，也就被放置在阁楼里，无人问津。

"是，我早就发现了。"妈妈说，"你常常躲在阁楼里缝制衣服，我不是没有发觉。我本以为你只是一时兴起，很快就会放弃了，可是我没想到，你到现在还热爱着。昨晚我在你的包里，发现了一本服装设计类的书。"

肖恩点头，"是啊，每次看到这类的书总是忍不住买，闲下来的时候就会很想看。"

"肖恩，你喜欢你现在这份金融的工作吗？"妈妈问，"做这份工作时，你是不是快乐的？"

肖恩不知道该怎么说，"这份工作很体面，赚的钱也多，很多同学都羡慕我，说这是一份金饭碗……"

"孩子，比起金钱，我更希望你快乐，"妈妈拍拍他的肩膀，"想听听我的故事吗？"

两个人并肩坐在楼梯上，妈妈开始讲她的故事。

"我从小喜欢画画，一直跟随老师学习，直到高三。那一年，你外婆突然去世，你外公支付不起我的学费，让我放弃上学。你知道就快走到终点时却被迫放弃的感受吗？我那时，天天以泪洗面，我甚至和你外公保证，只要我上了大学，我不要家里出一分钱，我可以去打工，做好几份兼职，可是你外公拒绝了我。那个暑假，别的同学都拿着录取通知书去读大学了，我却在外面的快餐店打工，因为我要赚钱给你两个舅舅念书。几年之后，我结婚了，嫁给了你爸爸，并且生下了你。我本来以为，梦想被生活的现实碾压过，就什么也不剩了。可是有一天，我经过一个美术培训班，那里的老板是我初中同学。他递给我一支画笔，说我是当年班上画画最好的人，让我再尝试着画一幅。

"那一个下午，我画了三幅画，手中的笔根本不愿意停下来。培训班的孩子围着我说，阿姨你美术真好，画出来的画真好看。我在那一瞬间，突然明白了，有些东西是你无论怎么努力也割舍不断的，那就是热爱，就是梦想。

"我常常偷偷画画。有时是在年幼的你熟睡的时候，有时是在晚上睡觉前，我越画越起劲儿，后来索性每个星期都出去一天，那是我一周中最快乐的一天，没有生活琐事，没有柴米油盐，只有画笔和画纸。"

"你可以告诉爸爸，也许你还可以在家里画画。"肖恩说。

"你爸爸是个好人，但他没有自己热爱的东西，"妈妈说，"所以他体会不了我们的兴趣，也不能理解我们所谓的梦想。"

肖恩有点难过，"如果爸爸能够支持我们就好了。"

"肖恩，"妈妈朝他绽开一个笑容，"我现在已经很难真正地去实现自己的梦想了，而你还年轻，还来得及，如果想要去做，妈妈永远支持你。"

望着妈妈的眼睛，肖恩心里已经有了答案。

6

肖恩辞职了，爸爸勃然大怒，"什么，你要去学服装设计？你这把年纪，还要从头开始，你知道自己在做什么吗？"

"爸爸，我知道自己在做什么，"肖恩一笑，把手中的一个信封放到爸爸手上，"这是我几乎所有的积蓄，给你和妈妈，你们保重身体。我出去三年，如果最终还是一事无成，那我就回来上班。"

肖恩爸爸气得发抖，"学艺术，学艺术，学艺术的人都会饿死的！"

"爸爸，我希望你能去看一部叫《三个傻瓜》的电影，我想你会理解我的。"肖恩走出了家门。

三年后，肖恩在一个大城市里站稳了脚跟，成了小有名气的服装设计师。有媒体说他是"大器晚成"，可是肖恩觉得，只要是追寻梦想，多晚出发都不算太迟。

汪玥玥成了一名舞者，是的，她没有成为很有名气的舞蹈演员，但她当了一名舞蹈老师，能够养活自己，每天做着自己最喜欢的事，有一群热爱舞蹈的孩子围绕在她身边。

肖恩决定回家。

三年了，每次春节他都在异乡思念着故乡，但他握着拳头对自己说，再等等吧，等到自己做出点成绩就可以回家了。如今，他终于可以回家，钱包里有张银行卡，是他这么多年来凭设计服装赚来的所有存款，爸爸看到了肯定会很高兴。他想。

门开了，是他的妈妈。

"肖恩啊，你终于回来了。"妈妈热泪盈眶。

"是啊，妈妈，我回来了，"肖恩给了妈妈一个大大的拥抱，"妈妈，如果不是你，我不会成为今天的自己。"

"爸爸呢？"肖恩问。

"他在附近的那所希望小学教书，他教数学，我教美术。不过啊，我们都是兼职教师，他上午教课，下午休息，晚上出去开出租车。我呢，有时教半天，有时教一天。"

"啊？"肖恩疑惑，"妈妈你当美术老师是因为喜欢画画，爸爸为什么也要去当老师呢？"

"你走后的第一年，他没有向我问过你的任何消息，还很生你的气。可是第二年，他就看了你跟他提起过的那部电影，他看了很多遍，终于有一天他和我说，他理解了你。"

那部印度电影中有一个傻瓜叫法尔汗，他热爱野外摄影，却因为不敢违背父亲的意志而读了机械工程，可他心里根本无法放弃摄影。影片的最后，法尔汗在朋友的帮助下，向父亲说出自己内心的真实想法，取得父亲的理解，完成了自己的梦想。

"他和我说，其实他也有一个梦想，他从小就渴望成为一个数学老师，可是为了生活，他只能去开出租车。慢慢地，他开始觉得，钱才是最重要的东西，于是他逼着你选有前途的专业，做能赚钱的工作。他说，他错了，他也要去拾起自己的梦想了。"

肖恩去了那所希望小学，挺着啤酒肚的爸爸站在讲台上讲课，不像平常那么严肃，笑容亲切可爱。

原来，做自己喜欢的事，会让一个人看起来熠熠发光。

一人有一个梦想，大人物有大人物的梦想，小人物也有小人物的梦想。即使在半路遗失了梦想也并不可怕，勇敢地把它捡起来，你要知道，如果你真的坚持梦想，最坏的结果也不过是——大器晚成。

绿林深处有晴川

爱末

后来，在每一季酷暑难耐的烦闷午后，我都会想起，阳光穿透浓密的绿树叶折射在你头顶的光圈，你越过一层层繁茂枝叶对我说："知夏，要吃冰棒吗？"

1

在我的印象里，你一直都是全年级最顽劣兼成绩最差劲的吊车尾，所以尽管我们在同一个班级，来往的频率也微乎其微地接近于零。纵使我的成绩不是高挂榜首，但一向乖巧懂事不喜喧闹的我，怎么也不会跟你扯上联系。

可是偏偏，我在校操场后的野树林里，养了一只猫。

与其说是养，不如说，不知道是谁把生下来的一窝小猫仔扔到了我家后院里。妈妈看到后气得跳脚，就差把它们一窝小东西一口气扔进开水里炖掉。可我又是个特别喜欢小动物的女生，央求了一整天，妈妈总算是妥协允许我在给它们找到落脚地前，扔在院子里。可是前提，不许放它们进屋。

虽然是夏季，可这一窝脆弱的小生命也经不住没有丝毫庇护。我上了一天学回来，一窝没睁眼的小奶猫就死掉了两只。我和妈妈面面相觑，都不敢拿开那还没感受过日光温柔就离开世间的小生命。妈妈对我讲，她要用扫帚把这一窝赶紧清理掉，我才横下心，硬腾空了书包垫了一层又一层厚棉布把它们包裹进去，带到学校里。

可是我也不会养猫，更怕被同学发现告诉老师。我能做的就只有把它们扔在后操场的野树林让它们不被发现。然后用小杯子装了一袋鲜牛奶放在旁边，急匆匆又赶回教室。

连续一整天我就这么教室树林两边跑，终于撑到放学，我跑去看这窝小奶猫，却发现它们一动不动，一点儿都没有生命的迹象。我蹲在它们旁边手足无措，只剩下小声啜泣。

也不知道过了多久，也不知道你什么时候出现的，听不清你语气里的情愫，只是问我："知夏，要吃冰棒吗？"

我早已想不起我挂着泪痕的脸有没有带着鼻涕，抬起头只看到你扬起的嘴角和两个洁白虎牙，以及手里拎着的一根冰棒。我哪里顾得上吃冰棒，像抓住救命稻草一样哭嚷着："顾晴川，它们是不是死了，是不是死了啊？"

那天我才突然意识到，你是真的人如其名，只要你在，万里晴川。你像大人安抚小孩儿一样摸着我的头对我说："喏，去一边吃冰棒。把它们交给我。"

我看着你把这些小奶猫一点一点仔细检查，又用手指沾着牛奶伸进它们嘴边，你认真的模样根本不像他们所形容那般吊儿郎当。我莫名的安心极了，拿在手里的冰棒不知道什么时候融化成一滴一滴的水珠滴到手上，急匆匆又把冰棒含在嘴里。手黏黏的，可冰棒好吃极了。

2

不幸的是，一窝小奶猫只存活下来一只。所幸的是，还好你的出现，救下了仅存的它。你拿着纸巾帮我擦滴在手心的冰棒汁，笑吟吟对我讲："以后遇到问题别光知道哭鼻子，随时来找我就好了。"

夕阳的余晖把你的侧脸照出暖橘色闪烁的光，我手心攥住你留下的余温悄悄失了神。

从那天起，被你救下的小奶猫日益健康起来，你也尽职尽责地教起我如何给它喂奶，如何调制猫粮，你告诉我，你奶奶家以前养过一只波斯猫，眼球一只蓝色一只黄色漂亮极了，可那只波斯猫在生下小猫咪时就离开了，是你跟奶奶一起照顾波斯猫留下的小猫们。所以，照顾小动物对你来说，既熟悉又亲切。你说这些话时声音格外的温柔，一点儿都没有在班级里跟老师顶嘴跟同学冲撞的戾气。我看着你细致专注的模样，没来由冒出一句："顾晴川，你真好看。"

说完这句话我们竟同时愣住了，你转过脸盯着我那双不知该看向哪儿的眼睛，似调侃又似认真地对我说："林知夏，不要因为我好看就喜欢我啊。"

我被你的话气得又羞又恼，抓着你的手臂就挠了起来，还一遍遍嚷嚷着："顾晴川，谁喜欢你了！你要不要脸！你要不要脸！"

你被我蹩脚的掩饰逗得更放肆地笑："哈哈哈，别挠了别挠了，我错了。我哪知道知夏你这么容易害羞啊！哈哈哈哈……"

那是我第一次见你在人前笑得那么肆意妄为，眼角眉梢弯如月牙般明亮好看，我想大概是伏暑天太过灼热，让我的脸也被艳阳烤的，格外红了起来。

时光被慢半拍地缓缓流过，我们不出意外地熟悉了起来。

可是在那个男女生关系要好就会惊天雷动的年龄，我们的熟络显得十分格格不入。班主任很快便找到我们谈话，她语重心长地问："林知夏，你和顾晴川什么关系？"

一向软弱的我被班主任的话吓得惊慌失措，像是有一个藏在心底的小秘密要浮出水面一般不安。而你却恢复了以往玩世不恭的模样毫无礼貌地抢着说："还能什么关系，就你看见的那样呗。"

班主任气恼地指责："我没有问你，你闭嘴。"

矛头便又轻巧地转移到我这边。

"我，我……"

"林知夏，老师一直以为你是个好孩子，你怎么能和顾晴川在一起？你再这个样子下去我就要找你家长谈话了。"

我被班主任的严厉话语呛出了眼泪。原谅我的胆小和懦弱，不知道该如何应对这样的场面，甚至连一句我们是好朋友都不敢回答，在被叫家长的警告下，我哭着对班主任说了一次又一次保证我没有早恋，我们除了同学外没有其他关系。

我们是并肩走出班主任办公室的，我埋着头不敢面对你的脸，所以不知道你是用着怎样的表情问我："林知夏，你就那么怕吗？"

我听不出你话语里流露的语气，可不知道为什么，那席卷而来的难过铺天盖地。我没来由便哭了。你拍拍我的头既像安抚又似妥协："好了好了我明白了，知夏。别哭了。"

3

顾晴川，你哪里明白我。就连当时的我，都从未清楚地明白自己。

但是我懂了你所谓的"明白了"是什么含义。

你再也没有跟我一起照顾我们的小奶猫了。它早已不再像小时候病恹恹没精神的模样，生龙活虎每次我都要找很久才能在树林里找到它。而你，依然如故，顽劣乖张。那时候我才发现，原本就爱逃课的你，在和我一起照顾猫咪的那段日了，好像一直收敛了性子。纵然上课睡觉也都乖乖待在教室。

你再也没有主动跟我说过话。我很多次想拉住你，告诉你我不再怕了。我不怕。可终于还是看见你和隔壁班班花并肩放学离去的背影后，再也开不了口。

那个落叶纷飞的橘色秋天，我被风吹落的枝叶绕得心神不宁。小奶猫终于还是再也找不到了，我想它大概是长大了，不需要再让人照料。可是我还是习惯每天放学后一个人去树林里转悠，我知道看不见猫咪，同样也看不到你。

再开学时我才知道，你转学了。

我没有深究缘由，也不知道该如何打探缘由。因为我一直是这样一个软弱的人啊。诠释不出自己的思绪，我把这股力量统统发泄在不喜欢的函数解析题里，时间越久，这股力量就积累得越深。出乎意外的是，在最后的高考模拟时一直拖后腿的数学成绩竟前所未有的超前。

轮回了一个夏季的晴天，这所校园笼罩了一股告别般的寂寥。最后一次坐在教室里，讲台上老师交代着填报志愿的细节。可我的耳朵听不进去，一心只想再去找找我们养过的小猫咪。

老师说"再见"的那一刹那我几乎是飞奔着冲出教室。

可小树林和往日一般，没有猫咪，更没有你。我终于在这无人的角落肆无忌惮地痛哭起来。

"顾晴川，对不起。对不起是我太软弱了！"

"顾晴川，我不怕了，我再也不怕了啊！我能不能再见见你！"

我想，我大概是终于失去了我全部的夏季，才敢这样声嘶力竭呐喊出来。可我从不曾想过，你会带着往日一般痞气的笑容突然出现在我面前笑嘻嘻地说："知夏，要吃冰棒吗？"

我愣住，眼泪都吓得退回眼眶，呆呆的像看见了二次元里的动漫主角般只觉得不可思议。

"你，你怎么出现的？"

"高考完了，想回来问一个小傻子要不要跟我一起去南方，有个四季如夏的海边特别棒。找了一圈，才听人讲小傻子不知道怎么了突然情绪失控窜出教室。"

　　我从未感觉过夏季的风，能如此刻一般，温柔而不张扬的香。轻柔的，不像样。

愿你心中的梦想如星光璀璨

路 过 高 考

zzy阿狸

　　6月6日那天一切都很正常，燕塘牛奶还是那么好喝，饭堂的饭菜还是那么难吃，教师公寓的大妈还是在楼下遛小孩儿，宿舍的自来水还是断断续续，唯一不同的是偌大的校园只剩下勤勤恳恳的高三毕业生。

　　晚上准备入睡时，看了小伙伴安利我的八月长安写的高考微博，不看不要紧，一看热泪盈眶。突然觉得妈呀我要考个很漂亮的成绩上一所很棒的大学，我要有吃也吃不完的零食看也看不完的书，但这一切这一辈子的好坏似乎都得看这一场偶然性极大的考试了。

　　最后辗转反侧，终于失眠。

　　半夜三更我小心翼翼起了床，打算到走廊上吹吹冷风，清醒一些。没想到早已有人杵在走廊的一头，大口大口地深呼吸。那一刻我没有被吓到，反而是前所未有地安心。我没有打扰他，自己蹑手蹑脚地跑去了另一头吹冷风。我记得月亮特别圆特别亮，把我的心事照得太明了。

有了几分睡意后准备打道回府，走廊那头早已没了人，似乎一切只是一场幻觉，但我心里还是有一阵暖流。因为在你失眠的时候，最令人备感安慰的不是有多少粒安眠药，不是有多少首安眠曲，而是在这个地球上也有素未谋面的人和你一同失眠。毕业后在班群聊起的时候，才知道那天晚上宿舍里没有谁是睡得着的。

大家都不约而同地深呼吸，再深呼吸……

考语文的时候手抖得不行，第一道拼音题就卡住了，我和自己说没关系，万事开头难。后来做着做着总算进入了状态，做得比较得心应手。当我发现作文材料是说大自然的时候，我抑制住内心的狂喜，因为这个话题昨晚我有认真斟酌过！我迅速地在草稿纸上列好提纲以及用得上的素材，字写得龙飞凤舞，脑海里浮现的是成绩出来后林副校长对我投来赞许目光的场景，心里一边想着到时候作为高考满分作文考生该怎么接受采访，一边面带微笑地写着，监考老师盯了我很久以为我有作弊倾向。但十分钟后的我吓得命都快没了。

因为我忘记空出第一行写题目了。

当成千上万的羊驼在我心里呼啸而过后，我颤巍巍地举起手要求更换答题纸，一脸严肃的监考老师说你将就一下吧，把写的内容划掉在下面重新写，反正时间不多了。

另一批羊驼继续呼啸而来。

我只记得走出考场后我心情的沉重程度达到历史新高，比菊华偷用了我的纸巾还难过。

考试结束，我回到备考室，小伙伴捶了我一把，笑嘻嘻地说："你这小子语文准备得那么足，这次肯定考得不错啦！"那时候我特别想像紫薇那样地对他说："你觉不觉得你好过分哦？"可是我一个字都说不出口，强忍着眼泪，眼眶红红的。

最后一科英语是我的拿手好戏，那些我总结了很久的答题技巧和经验全都用上场了。我简单地把试卷检查了一遍后，抬头看着挂钟离考试结束只剩下两分钟。而这两分钟，是我这辈子度过的最漫长也最舍不得的两分钟。我左手边的男生还在奋笔疾书，右手边的女生看着试卷急得快要哭出来，身后性别未知的同学在得意地抖着腿，正前方的监考老师还是以为我有作弊倾向，用可疑的目光盯着我。

我用力地呼吸，不停地张望，无比地贪恋起这里的空气，这里的每一分每一秒。

因为这辈子都不会再有了。

"考试结束，请考生停止作答。请考生将答题卡反扣在桌面，将两手垂下，等待监考员回收试卷、答题卡和草稿纸。"

我闭上眼睛，刹那间整个世界与我没有了任何关系。

回到备考室收拾东西的时候，想起了每年的这个时候师兄师姐在空间里狂晒自己的书卖了多少钱换了几支雪糕，于是我高一的时候就立下大志不吃小雪糕要吃桶装雪糕，愣是把三年所有的学习资料都攒在了一起。当我正准备着把书一摞摞地搬去楼下卖的时候，爸爸的电话响了起来，催着我赶紧收拾东西准备一家老小去龙乡楼大吃一顿。我挂掉电话后妈妈又再来电催我，说爸爸是个急性子等不得。我急得像热锅上的蚂蚁，楼道清洁阿姨看穿了我的心事，用特别委屈的语气说："靓仔，这些书我替你解决了吧，看你挺赶时间的样子。不过书就算赠我了，毕竟我搬下楼也挺费力气的。"

　　没想到，所有的美梦都扑了个空，最后我什么都得不到。

　　我不得不承认这是我中学时代最大的一个遗憾。

　　当我走到校门口的时候，熙熙攘攘的人群中我停了下来，转过头认认真真地望着承载了我六年记忆的教学楼，它像血盆大口的怪兽一样，吞噬了我最美好的青春岁月，像流水线作业把我们刻成了一模一样的产品后，又在继续吞噬着下一批学生的青春岁月。

　　他们依旧灰头土脸，依旧眉头紧蹙，依旧为着成绩而喜怒哀乐。

　　像极了那时候的我们。

　　心始终像开满花的树，每时每刻都相信着会有奇迹发生，相信自己会被命运宠幸，相信自己会是例外，会有一万个失望的瞬间但却从不绝望……

我不知道还有谁记得落小单曾经在2010年写过《路过中考》发表在小博上，那时候我还是个不谙世事的小毛孩儿，看得我捧腹大笑。她在文章的最后写："好吧，回忆到此为止。也许以后我会写《路过高考》。希望到时候我有向你炫耀我的录取通知书的资本。那么，现在我得啃书去了。"

我真的一直在等，等她高考凯旋，等她写《路过高考》。

小单姐，我真的特别喜欢你，特别期待你的文章。或许将来的某一天你会突然想起来写你的高考，但现在能不能让我借用一下你的标题，我迫切地想写下来，因为我怕很快便忘记了这段人生。

因为我想用最笨拙的姿势，和我的中学时代以及所有的人告别。

一个最不认真的告别。

After 17

阿　黄

布拉德与布拉格

　　我和布拉德对面而居的时候，布拉德还不是布拉德，他这名字是从brother和本·拉登混合而来的。brother是恭贺我们成为兄弟，而本·拉登是为了纪念在我们认识没多久时，那个东躲西藏的极端主义恐怖分子被击毙上了《新闻联播》。不过这一切是我们不正经说英文的借口。

　　我和布拉德同住在一中的教师宿舍二单元，阳台正对面是一棵不高的树，我觉得它是石榴树，但是我从没看过它结果子。旁边直线距离十米就是男生寝室，每日那群恐怖的生物经过必惊起一滩鸥鹭，他们会自动开启KTV模式，对月当歌，时而叹少年情愁唱着《爱情买卖》，时而咏北斗阑干唱着《荷塘月色》，就算你躺床上也能听到寝室的唱歌传递赛，这比赛，永远不愁没人接下一句。

我觉得我若是指责他们扰民就苍白无力，毕竟我和布拉德也并非善类，我们时常把吃完的哈密瓜皮、西瓜皮、板栗壳往对面一个阳台上扔，并以谁扔到的次数多为获胜条件，奖品未知。而且我们还一起往他家阳台扔纸飞机，纸上写着我们自己光看看就反胃的，诸如"今天我可以约你吗？"幸好落款全是九岁博览群书、二十岁智商达到顶峰的罗玉凤。

也不知道对面邻居的洞察能力强大还是我们躲避技能生疏，反正我不信他能认出我们扭曲横竖撇的字迹。可这结局一样，我当时教室和他在一层，他托人找我说他妈妈已经发现了他与罗玉凤早恋的事儿，让我们停止做"损人利己"的事儿。

后来对面的邻居加了我QQ，我空间当时有张他家阳台的照片忘记删除，照片简介是：我一定会把下一块哈密瓜皮扔到他家阳台上去的！然后他在下面回复我，"呵呵，你长大啦！"

长大了的我也不知道有什么好呵呵的。

爷爷的山盟海誓

长大了的我也搬离了那个小小的二单元，尽管和布拉德做邻居的时候，楼下的广场没有暗礁和许愿池，可是有一天和我身边的人一起看到那棵不长石榴的树，竟发现它高了一层楼。

搬家的原因是我爷爷奶奶另寻租了一套房，刚搬过去的那几天，我每晚只上三节晚自习，就回去给我爷爷做我唯一会做的菜——拍黄瓜。别小看拍黄瓜这一道小菜，它可是要历经剥蒜这一环节的戕害，这个原本原料听起来令人寻味的一道菜，是我爷爷的白酒伴侣，在每个他独自酌酒与月对饮时，这道菜形影不离。

我爷爷生在南方偏有东北人的气势，他爱生吃大蒜，有时没有黄瓜，我也会被使唤去单单剥蒜。

320国道上大货车加着油门疾驰，小轿车偶尔鸣笛，莫名的远光灯照到屋顶，亮堂了一点黑夜，我从阳台上一览半个城市万家灯火和偏僻处的阑珊星光。

这时候，爷爷就只穿着一件白色的工字背心，头顶上吊扇开着万年三档，吱嘎吱嘎地响，就和伸懒腰时活动的筋骨一样，爷爷的酒杯里斟着白酒，他吃着我给拍的黄瓜和晚饭的剩菜，给我说些国际形势。说了啥我还真给忘记了。因为我奶奶给我做的炒面勾引了我的魂。

其实说我是个维新和保守的产物不为过，我小时候喜欢腻歪在我爷爷奶奶家，爷爷给我买了碟子，我就坐在电视机前看《鼹鼠的故事》，他家书柜里书页都是泛黄的，都是我爸年少时的贡献。我还记得小学时候从他们家搜《佐罗》出来看，还在无意中搜到了一本好像是二战期间，苏联的军人过沼泽、跨雪山、反围剿的艰难困苦的故事。他们的年纪抓住了侵华的尾巴，所以特别爱看战争片，除非有动漫世界，否则我一般都不抢台。

我这十八年来可能还真的和他们待在一起的时间比和我爸妈粘在一起的时间多，可是越来越大，越来越混蛋，把时间更多地分给新朋友、聚会、饭局、网络，会忘记了一个电话就让奶奶大清早给我买我喜欢吃的菜。前天爷爷跟我说我去大学报到的时候他不会去送我，他又有点儿喝高了舌头打结。

"即使距离再近，总归是离开我们身边了。"他平日的矍铄早已蒸发，像牙牙学语的孩童一样乐此不疲地叫着我的小名，语气却是叹惋。

我恍惚想起还是小学那年，爷爷奶奶和我去桥南吃饭，饭后回来时经过一中，他也是喝高了，脚步打着飘，口齿结巴地跟我高声承诺："你以后也要考到这里，到时候爷爷天天给你送饭。"

这等看似逗乐的海誓山盟，一直在我脑海屯兵驻守。

可是总归是要离开他们身边了。

可能你十七岁会想留一头长直发，因为大部分男生偏爱那种发型。可是当你过了那种需要取悦别人的时期后，还是烫个漂亮的波浪吧！因为这才是你想要的你，我就挺爱你。

愿你心中的梦想如星光璀璨

冯　瑜

1

学校里面有几种人最容易出名，一种是成绩优秀的，一种是长得好看的，一种是才华横溢的，一种是钱袋满满的，还有一种是奇葩指数爆棚的。柳宛如属于最后一种。

不过她一直都觉得自己是前面几种的集合体：她只是一不小心才考到这所学校来，但是再烂的学校也有尖子生，比如她（自认为的）。鉴于自我感觉良好，她的包包、书桌和床铺从来都不会缺少一面镜子，她能弹琴爱跳舞，这两项内容长居她的"爱好特长"一栏，至于钞票嘛，她的家庭环境确实挺不错的。这一点从她所用之物就能看出来了。

如果她不是太过于表现自己的话，我想凭借着前面几点，她也许会成为一个挺受大家欢迎的女孩子吧。

2

柳宛如喜欢古诗词和古典文学，时常写点儿伤春悲秋的句子放在QQ个性签名上。我去过她家，看见她的书柜被古典文学书籍占据了半壁江山，剩下的是一堆杂七杂八的书，文学社科心理学什么都有。当我看见她那本还没拆封的《百年孤独》就知道剩下那些书十有八九是她一时跟风买回来的，因为有很长一段时间这本书都位居各大网络书店的榜单之中。在她书柜上，我还看到几本同在榜单上的书籍，而它们不仅没拆封，还积了灰尘。看着那些蒙尘的书，我想她根本没有翻看的意思。

平日里，她最爱的就是老师在课堂上讲解古诗文，每当这时，课堂表现并不突出的她都会显得十分积极。朗读、解释和概括主题每一项都会争着发言。老师对此自然很满意，同学们却有另外一种想法，觉得整个课堂都变成她一个人的了。

大家看到我每天都跟她在一起，觉得我也是个奇怪的人。开始像议论她一样谈论我，而我一直都觉得自己除了与她是朋友外，与别的同学没有什么两样。我一点儿也不想被当作异类。

而那段时间，柳宛如又为自己找到了一个新的关注点。

她有一头又黑又长的头发，是那种放在洗发水广告上面绝对没问题的发质。夏天，她觉得热，又舍不得剪掉它们，就把它们盘了起来，为了固定和装饰，她还不忘在头发上加了一支发簪。每当有人问起，她就说这是我送的礼物。

她觉得朋友送的东西就应该让更多的人看见。尽管最初的时候，我的本意是送给她收藏的，我知道她有一个专门放发簪的小盒子。里面的簪子无一例外都给人一种华丽之感，我送的反而小巧而不引人注目，没想到现在它竟然成了她头发上的常客。我的原意是她可以换个风格，她欣然接受了这个建议，对它喜爱有加，后来还买回了不少同样风格的簪子。

自此以后，我真的很后悔当初成为她的朋友。可是，我又想不出结束这段友谊的方法。

3

在一个多元化的时代，只要不是太出格或者太孤僻，每个人身边都会有那么一两个朋友。这不，柳宛如身边就有一个我。

大家都不太能理解我是怎么和她交上朋友的，毕竟我怎么看都和她不是一路人。我喜欢外国文学，喜欢简约风格的打扮，喜欢一个人安静地看书写字。大家忘记了一件事儿，两个人成为朋友，除了有共同点之外，还可以有"同病相怜"的经历。

我和柳宛如曾经就读同一所学校的不同班级，初来乍到之际，我们面对陌生的环境多少有些感觉孤单和害怕，看见彼此的时候便多了几分亲近之感，加之我们都不是本地人，听不懂班上同学所讲的方言，一来二去，两个女孩子便走得更近了。

很多人听完我的解释后，都向我投来了"原来如此"的目光。

"愈之啊，我觉得你挺好的！"有人这样安慰我。我微笑着算是答谢，心里不是什么好滋味。

与此同时，我发现了柳宛如的秘密。

看到她的手账纯属无心：谁会想到她会在一个普通得满街都是的练习本上写手账呢？而有些八卦的我，更好奇的是她在里面如何评价我。

结果我发现那是一个承载了梦想的本子。她在里面讲述自己希望成为民族舞蹈家的愿望，因为她觉得民族舞里面蕴含着浓厚的中国文化。可是，柳妈妈更希望她考大学，无奈之下，她只好把喜好放在古风什物之中。

合上本子的那一刻，我想起了我们之间的过往。

柳宛如没有大家想的那么差劲儿。她不是成绩优异的人，但她想成为那样的人，于是她每天一大早就来到教室写练习题。每次我拿着不懂的题目去问她，她都会耐心地给我解答，答不出来的就和我一起想。她家的外国文学不多，但我基本都看过，哪怕还没有拆封，她也愿意借给我。

我想，如果因为别人对她的一些评价而让这样的好姑娘从我的生活里消失，那就太可惜了。

可是，一旦在友谊中掺杂了别的想法，好友之间就会多少有些疏远。

4

如果不是元旦的那场演出，我想我们的友谊会像很多人一样随着时间的推移慢慢冷却，最后成为熟悉的陌生人。

柳宛如从小就学习古筝弹奏，还拿过证书，得过等级。元旦表演的时候，她成了代表我们班的不二人选。那天，她穿着汉服，梳着发髻跑到舞台上，完全不顾台下的口哨声，二话不说就弹奏起来，袅袅的琴声回荡在礼堂之中，议论声渐渐低了下来。

此时，我听到不远处一个女生说道："她真好看！"另一个女生用不满的口吻回道："你不知道她吗？她就是我们年级很出名的柳宛如啊，她……"

听完同伴的解说，夸赞她的女生皱着眉头说道："看来她真的是想穿越想疯了，仔细看看她也并没有那么好看啊！"笑声随着落下的话音升起。

柳宛如回到观众席后，我悄声告诉她："有人说你好看！"并且把后面的话自动屏蔽掉了。她听完别提有多高兴了。

忽然她注视着我的眼睛，问道："你是不是曾经因为别人对我的一些议论，而不想和我做朋友？"

话音刚落，我便满脸通红，她得到了无声的答案。

5

两个人成为朋友是不能单靠"同病相怜"的。总得有那么一点儿共同话题或者爱好，友谊才能得以走得远一点儿。

我一直没有告诉她，我挺羡慕她的。

她敢于表现自己的欢喜，而我从来没有告诉别人我也喜欢古典风，我看电视几乎只挑古装片。我有一条很好看的旗袍，可是除了买的时候试穿过以外，我根本没穿过它。我是一个很实在的人，把那支簪子送给她的原因，不是因为知道她喜欢发簪，而是我钟爱那种款式的簪子，可是我从来没戴过，所以把它送了出去。

因为，我没有她骨子里的洒脱，我害怕站在聚光灯下面成为别人讨论的对象。

"其实，那个本子是我特意放在桌上，并且让你看见的。"她说这话的声音很小，小到周围的声响险些把它们淹没。

原来，她早已察觉到我对古风什物的喜爱，她很高兴身边有一个跟她喜欢同一类东西的人，哪怕我不敢把这份喜爱表露出来。所以，她不愿意失去我。

过了许久，我才小声地对她说："对不起。"

"没关系。"

这一天我们聊了很多，说了过去的事情，也畅想了未来。

"你以后怎么打算？"我问。

"参加艺考学民族舞恐怕是来不及了——我想考A大，我记得它有专门研究诗词歌赋和中国文化的专业。听说还有研究民族舞的课程呢！"

不能成为舞台上的明星，就成为书笺上的舞者。

这时我才懂得，她从来不顾他人的白眼，不是因为她多么特立独行，而是那些被别人认作"奇怪"的小玩意儿里，装着她的梦想。可她不言说，只因梦想已烙印在心底。

愿你心中的梦想如星光璀璨

你的背影拖着一个夕阳

张爱笛声

温朗晴是我见过的对梦想最执着的女孩儿。

十八岁那年，我在一所普通的高中念高三，温朗晴念高四，我们同班。开学第一天，我和班主任在教室里给同学们的课桌贴姓名卡，当我看到"温朗晴"这个名字的时候，我和老师开玩笑，"这名字好好听，温，温暖、温柔；朗晴，晴朗。多好的名字，说不定是个美女。"老师也笑，"她是一个才女，画画特别棒。"

后来，老师和我说了一些温朗晴的事儿。她是艺术生，美术功底很好，去年考上了广州美术学院。但是因为她的梦想是中国美术学院，所以她打算再复读一年。认识她的老师们都劝她不要复读了，好好念大学去，她偏不肯，于是留下来，成为高四复读生中的一员。

"真是个傻女孩儿。"我说。

可是我的老师却摇摇头，"这个也不能说她傻，只能说她不将就。"

开学后的第三天我见到了这个"不将就"女孩儿。她是一个脸蛋圆圆，长得白皙秀气，看上去很乖巧，可是神情中又带着一些艺术生们特有的小高傲的姑娘。她沉默寡言，一般只和她的同桌——一个同样读高四的女孩儿说话，她坐在教室的最后一排，终日埋在书堆里，几乎很少抬头。有的女同学议论说，这班里的两个复读生太冷漠了，有时候我们主动过去说话，她们也不怎么搭理人。可是我猜想，也许在她们心里，我们和她们，早就如同隔岸相望的两种人，横隔在中间的那条河，叫高三，也叫高四。

我和温朗晴的第一次交流是在一次月考之后。

那天晚上，我刚知晓我的月考总成绩，排名相当糟糕。而刚发下来的语文和数学试卷，更是将我的信心打击得一无所剩。那天晚上我待在教室里学习到很晚，等班里的同学都走了后，我才趴在课桌上狠狠地哭，也不知道哭了多久，更没有想到的是，轻拍我后背安慰我的，会是温朗晴。

原来她刚从画室回来，本想来教室带两本书回寝室的，没想到会看到此刻这么狼狈的我。

"如果是为成绩，真的不值得哦。就一次考试而已，反正你知道，只要你一直努力，最坏的结果也不过如此罢了，咬咬牙，就没事了。"

我抬起头，看到温朗晴背着画夹站在我身边，手上染着星星点点的颜料，一看就知道是在画室待了很久。

"我害怕高考，害怕辜负了爸妈的期望，害怕自己被嘲笑，害怕一事无成。我最害怕失败。"那时候的我觉得，能考上大学，恐怕也得拼上半生的运气。

"我就不怕失败。"她在我旁边坐下，"因为我已经失败过了，最坏也就那样了。"

很多年以后，我都记得她说这句话时的神情和语气，带着难以掩藏的难过，也带着一往无前的坚定。那一瞬间的我觉得自己懦弱得不成样子。窗外的月光映着室内亮堂堂的光，我把头埋在双肩，小声地啜泣。那个晚上，她和我讲了许多，她说她有一个梦想，是考上中国美术学院，因为她喜欢杭州，喜欢西湖。她将来要当一个很棒的画家，要开属于自己的画展。

"海子有句诗，我们要有最朴素的生活与最遥远的梦想。无论你现在怎么样，无论你觉得自己多么渺小，多么不起眼，你也要有最遥远的梦想。"

我在她的余音落地之后，被震撼得说不出话。我所受到的教育是，在你成功之前，不要去谈梦想，梦想是一个人默默坚持的东西，不应该拿出来夸夸其谈，如果你最终没有成功，所有人都会嘲笑你。可是温朗晴告诉我的是，要说出梦想，要去追逐梦想。因为只有敢于说出梦想，才敢无所顾忌地全力追逐梦想。

第二天，我们又恢复到了平常的模样。我们看起来依然毫无交集，她坐在教室后排，我坐在教室前排，都埋首于自己的课桌，无暇顾及其他。只是当我们的视线偶尔相遇的时候，我们总会相视一笑，从那个笑容背后汲取到相互给予的力量。

温朗晴的名字越来越频繁地出现在光荣榜上。高三这么多次的考试，她的成绩一直排在艺术生的第一位，无论文化还是艺术，第一名的宝座从不旁落。校长常常到我们班来找她去谈话，一开始我们很疑惑，后来班上的同学甚至开始有些嫉妒，酸溜溜地说，"听说人家是我们这所高中五六年来唯一一位有机会冲击中国美术学院和中央美术学院两所名牌学校的学生，所以就连校长都隔三岔五地来找她沟通交流，加油打气，生怕她出什么差错。"

随着高考的逼近，温朗晴也越来越努力，同时，她的成绩大幅度地得以提升。一次，她的语文成绩竟然排在了我们班里的第三名，全校的第九名。语文老师激动地在讲台上说，"我想，我们全班同学都应该给温朗晴同学鼓掌，就为她的执着与勤奋。从一开始的七八十分，到现在的一百三十分，全年级前十名，这个成绩，相当惊人，也相当不容易。大家别忘了，她还是个艺术生。"

掌声雷动，我转回头去看温朗晴的反应。她很高兴地扬起笑容，然后又继续低下头去看书。后来的月考、模拟考，她一次又一次让我们惊艳，让我们由衷佩服。

那一年的高考，温朗晴没有辜负任何人的期望，如愿考上了中央美术学院。值得一提的是，她的文化课成绩考到了五百分，成为我们学校艺术生中的传说。

上了大学后，我们也就很少联系，但我常在微博里关注这个执着梦想的女孩儿。我知道她在大学里感到了很大的压力，因为身边的人都十分优秀。但她也从不惧怕，因为她说，正因为在这样的氛围里，她才时常感觉到梦想越来越近，也已经嗅到成功的气息。于是，大学的她比高中时更为努力。她常常背着画夹和几个同学下乡去写生，也常常一个人去拜访知名的画家，哪怕常常吃闭门羹。

大三的时候，她得到一个实习机会，在一个大公司里当一名设计师助理。于是，她早出晚归，把一份少薪多忙的工作完成得十分完满。等到她毕业的时候，那个设计师对她说，温朗晴，让一位设计师夸奖别人有才华是十分难的，但是我必须承认，你真的很有才华，更重要的是，你很努力，你一定要坚持下去。

大学毕业后半年，温朗晴已经和一群朋友开了一家自己的补习学校，并且经营得十分不错。她的下一个目标是开一家自己的画廊。她开玩笑说，"我曾说我的梦想是开一个个人画展。如果我开不成自己的画展，那就把我的画都挂在我的画廊里，好歹也算公开展示，你说对吧？"

她调皮地笑，笑容如同她的名字，朗晴如阳。

我的思绪却回到了五年前，高三的一次课间，我拾获她无意跌落的一本笔记本，翻开第一页，上面赫然写着一行字：你的背影拖着一个夕阳，别人只惊艳于夕阳的美好，却没人看到你的背影多吃力。但你自己知道就好，那个遥远的梦想，总有一天你会把它握在手中。

　　如今，那个梦想，她已经握在了手中。

最好的对手

苏尘惜

都是面瘫惹的祸

恩和将书叠得高高的，拿出一枚镜子照自己的脸，只是不管她怎么努力都做不出表情，看上去像雕塑，唯一能表达她情绪的只有眼神，那双眼睛都快喷出火来。

太过于专注照镜子，她根本没有意识到老师已经走到她面前，拿开她拿来作掩饰的书，"呦，我说叫了这么多声都没反应，是光顾着照镜子呢？"被老师这么一说，整个班发出了一片片的笑声，只是她，不管内心再多的委屈和难过，到了这会儿，脸上也是平静如水。老师见她没反应更生气，让她站到最后罚站。

作为班上的学霸、老师的宠儿，她一直是得到眷顾的，没想到有一天会被老师责罚。一整节课，不时有人转头探视，她只能埋下头，望着鞋尖。

然而老师拖堂，以至于其他班级的人也看到她被罚站。尚余走过的时候，与她对视了一眼。哎，真是屋漏偏逢连夜雨，要被尚余看笑话了。

尚余是隔壁班的学霸，大多数时候恩和的成绩都是紧随他后面，只有很偶尔的机会才能超过他，他俩轮流坐着第一名的这个宝座，几乎不给别人染指的机会。她在他面前，一向都保持着傲娇的形象，这次被他看到自己罚站，丢脸丢到太平洋了。

都是面瘫惹的祸，这也太倒霉了。

她不敢告诉爸妈，也不敢告诉朋友，自己默默承受这一切。然而最近朋友觉得她的行为怪异，人也变得高冷，纷纷跟她疏远了，恩和觉得自己现在就像一叶漂泊在海浪上的孤舟，也不知道接下来会发生什么事情。

因为她上课照镜子的事儿，大伙儿都嘲笑她爱美，还有调皮的男生不知从哪儿折来的花儿，往恩和的头发上一插："来，配上花儿才更美。"可就算她再生气，在别人看上去还是一副冷漠的表情，渐渐地，连嘲笑她的人都少了。

然而最让她沮丧的是，参加最疼爱她的奶奶的葬礼时，她连哭都哭不出来，尽管她心里全是悲伤，可是她的脸一直僵硬着，唯有几滴眼泪证明她还有些许悲伤。她紧紧咬着嘴唇，听到有亲戚在背后说她冷血，辜负了奶奶的喜欢。

她可以忍受同学们各种各样的猜忌和诽谤，但是无法忍受来自亲人的斥责，她发了脾气："你们以为我不想哭吗？可是我现在变成了面瘫，不会哭不会笑，你们让我怎么办？"她近乎是咆哮着说的，大人们都怔在那，吃惊地望着她。

恩和的身子颤抖着，她跪在奶奶的照片前："奶奶，对不起。"

奶奶，就连你离去，还给你带来麻烦，真的对不起。她一遍遍地对着奶奶的黑白遗照忏悔，灵堂里所有人都散去，她依旧跪着。

怎么每次狼狈的时候都被他撞到

爸妈平时都忙于工作，鲜少抽出时间来照顾恩和，但是葬礼之后，两个人忽然腾出大把时间来陪她，大抵是觉得愧疚，女儿得了面瘫他们做父母的却一直没察觉，带着她辗转在各个医院看病。

只是看了几个医生，开了一些药吃，但效果并不理想，甚至情况还更加严重。

后来爸妈在多方打听后，又带她去看中医针灸，恩和看到医生爷爷拿出针的时候，她吓得退了好几步，连忙摆手说："我不看了，我不要做针灸。"脸部表情都这么僵硬了，万一针灸失败，脸上留下疤痕，那她整张脸都毁了。

"想不到平日在学校里像只狮子的人，到了治病的地方，就变成了小白兔啦？"听到熟悉的声音传来，恩和忙不迭地转过身去看，居然是尚余，怎么每次狼狈的时候都被他撞到。

被自己的竞争对手这么说，简直是一种羞辱。

"谁是小白兔啊，不就是针灸嘛，喊，谁怕啊。"说完，她就转身跟医生爷爷说她要接受治疗。

医生爷爷专心替她诊疗，而医馆来了其他顾客，尚余就非常热情地上前打招呼，她好奇地问了下医生爷爷，他们俩是什么关系。医生爷爷哈哈笑着说："我孙子啊。"

恩和心里不是滋味，她刚才是因为一时赌气才接受了治疗，可是针灸疗程要好久，如果继续治疗，她每次都要来这里，意味着以后还要看到尚余，还要被他看笑话，心情忽然变得糟糕起来。

治疗结束以后她打算离开，却被尚余叫住了："恩和，你最近的成绩，似乎差了很多。"

恩和愣在那，她的确是一直追赶尚余，最近因为面瘫的事情无心学习，没想到尚余居然会在意她的成绩波动。她支支吾吾，不知道该怎么说。却听见尚余说："爷爷的医术很好的，一定能替你治好，所以你也要早点收拾心情，继续努力学习。"

从前在学校里，他俩并不熟悉，顶多是点头之交，尚余忽然之间对她这么热情，她都有点儿蒙了，只顾着点头。在她踏出店门的时候，忽然想起什么转过身来想说话，却再次被尚余抢了先："放心吧，你治病的事儿我不会在学校里说的。"

在比你聪明的人面前，果然是什么心思都藏不住的，他一眼就能看穿。

恩和尴尬地笑笑，离开了医馆。

即使有了尚余的承诺，恩和还是害怕别人知道她因面瘫就医，总是竖起耳朵听是不是有人在打听她的八卦，所幸，并没有，尚余应该没有说。

我跟你爸的智慧水平是一样的

只是恩和的病情在一步步加重，以前只是表情僵硬，但是现在，她居然合不上嘴了，一直维持着微张着嘴的模样。那模样初看上去是在微笑，但是长久以后看着就有点怪异，她干脆就戴着口罩上学了。

一点点变得奇怪的恩和，在同学们眼里成了奇葩，传出了关于她的各种各样的流言，有人说她暑假的时候整容失败了，所以需要戴口罩来掩饰；也有人说她得了重病，必须戴口罩防止被风吹……各种各样的流言把恩和包裹着，恩和感觉自己就像处在一个大大的漩涡中，不知什么时候会被漩涡吞并，她心里隐约有些害怕。

那天她出门的时候急匆匆，走到校门摸口袋才发现忘了戴口罩。在校门口踌躇了很久不敢进去，她害怕被别人笑话。

"恩和？"只听身后传来声音。

又是尚余，怎么每次狼狈的时候总能碰到尚余，恩和只觉得自己脑子都快爆炸了，现在这副鬼样子她谁都不想见。

尚余见她不说话，也不走进校门，似乎意识到什么，将书包塞给她："等一下。"他疾驰而去，十几分钟后满头大汗地跑回来，手里拿着一整袋的一次性口罩塞给她："拿着。"

若换作平时傲娇的她，肯定干脆就拒绝了，可是如今的她紧紧攥着口罩，艰难地挤出一句："谢谢。"

"其实你完全不必要太在意这些，就算你不戴口罩，他们也不会发现的，你只是过不了自己这关。"一起走进学校的时候，尚余劝她放轻松点，"哪个人都有缺点，你看那些会打嗝的，还有些人身上体味那么重，他们都自由自在地开心生活着，你也得学会放开点，你就告诉自己，已然如此，还能怎样？顺其自然咯。"

尚余像个唠叨的小老头一样，叨叨念念地说着，恩和扑哧一声笑出来："你怎么说话跟我老爸似的。"

"那是因为我跟你爸的智慧水平是一样的。"尚余胸有成竹地说。

"臭美。"恩和之前真的特别讨厌被人说教，可是尚余说的这些话，似乎还有点儿中听。

当你去过巅峰再落到谷底，那种绝望，噬心蚀骨

只是就算恩和努力想要隐瞒自己面瘫的事情，学校里还是传开了。同学们之间的窃窃私语，还有他们投来的眼神，似乎都把她当成了怪物似的。

她当然知道这个事情不是尚余说出去的，要说他早说了，不会等到一个多月了才说。但是她那阵子心情糟糕，谁都不想搭理，所以尚余跟她打招呼，她也是蔫蔫的。

那天放学回家的时候，尚余拦住了她，解释说不是他在传播。

"我知道不是你，但我就是想静一静。"恩和脑海里闪过的全是同学们各种各样的神情，就连平日里关系好的朋友都对她敬而远之，个个当她是瘟神，对她打击太大了。

"可是你一定要这么在乎别人的眼光吗？"尚余拦住她。

"对，我就是在乎，你不是当事人你不会懂我的心情，所以请你让我静一静好吗？"她近乎渴求地望着他，

尚余终于让开了路。

街上的行人来来往往，可是恩和即使置身于这样拥挤的人群中，她还是觉得周身被孤独包围着。当她光芒万丈的时候，身边围着那么多的人。可是现在她身体出了状况，成绩也下滑，处在谷底黯淡无光的时候，那些曾经围着她的人，一哄而散。

原来，曾经拥有的一切都是假象，当你一直处在谷底的时候，或许不会觉得沮丧和难过，可当你去过巅峰再落到谷底，那种绝望，噬心蚀骨。

她跟跟跄跄地走着，也不知道走了多久，天色暗了下来，忽然之间，她被人拽住，传来尚余的声音："小心点儿。"

她猛地回过神来，发现自己居然站在护城河边上，差点儿就要掉下去了。

原来一路上，尚余一直都跟在她的身后，怕她失魂落魄会发生意外，果不其然，走到河岸边界了还没有意识到，他才猛然上前拽住她，不然下一秒就可能发生意外了。

在那一瞬间，她真的很想大哭一场，可是干涸的眼泪，僵硬的表情，似乎连哭泣都是奢侈。

尚余拍了拍她的脑袋，说了句傻瓜。

她是他遇见过，最好的对手

从前鲜少有交集的尚余和恩和，忽然之间变得亲密起来。所有人都惊诧，这学霸之间还能有友谊啊？不都是斗得鱼死网破吗？也有人问尚余，跟鬼鬼祟祟的恩和在一起，你看起来也变得奇奇怪怪。

"你才奇怪，到处在别人背后嚼舌头不奇怪吗？"尚余鄙夷地回了一句，那人被说得羞红了脸，迅速离去。

当时恩和就站在他们的身后，待那人离开的时候，她才走上前，小声地说："害你也被大家笑话，对不起啊。"

"别总说对不起，你并没有任何错。"尚余坚定的语气，恩和听了动容，嘴角微微上翘。尚余像是发现新大陆似的盯着她："笑了！你刚才笑了！"他满是欣喜就差抱住她了，"我就跟你说，一切都会好起来的吧。"

是啊，会好起来的。恩和也这么劝自己，可是昨晚当她听到爸妈讨论治疗费用的时候，她心里又不免生出一丝伤感来。最近爸爸工作的企业效益不好，工资好几个月都没有发了，再加上之前她求医也花了不少的钱，家庭开支变得拮据，而她每个月的治疗费用相当昂贵，她都不知道这次针灸完，还有没有钱去做下一次针灸。

果然，到了周四那天，爸爸满脸无奈地对她说："恩和，咱们可能要暂时不能去医馆了，但是爸爸答应你，一定尽快赚到钱让你继续治病。"

"没关系的，爸爸。"恩和只能说没关系，她又不能任性地要求爸爸一定要让她继续花钱看病。但是尚爷爷说过，她的病不能拖，不然会留下后遗症。她思前想后，决定自己去找些兼职赚钱。

只是，她第一次去做兼职，就闹了个笑话。

表姐在一家美容机构工作，需要上街发传单的人员，每天有一百二十元的工资。所以那个周末，她就照着表姐给的地址去了，可是还没等到她走进美容机构，就被尚余拦下了。

"恩和，你不能去整容，爷爷说你的病很快就好了，千万别因为心急就做出以后会让自己后悔的事情。"尚余跑得太急了，上气不接下气的，原本今天是恩和去治疗的日子，尚余想来她家里接她，后来到家里她不在，她父母就把她要去的地方告诉了尚余。

"你不会以为我要做整形吧？"

尚余认真地点点头："整形也许能让你变得好看，但是治标不治本啊！"

尚余居然以为她要去整形，要是恩和能大笑，这会儿她估计要倒在地上捧腹大笑了。她平复很久情绪，才说出自己要做兼职攒治疗费的事情。听了她的解释，尚余一直不好意思地摸后脑勺，脸上全是尴尬的神情。

尚余说他回去跟爷爷商量，希望能先完成她的疗程，医疗费等筹齐以后再付。

"可是，你为什么要对我这么好？"这个问题已经在她脑袋里盘桓许久，只是一直没有机会问。

"因为我不想失去势均力敌的对手，你的成绩变差后，我好像一夕之间失去了前行的动力，后来在爷爷的医馆里看见你，也知道你生病的事情导致你前阵子的低迷，当时就觉得如果你不能从生病的阴影里走出来，或许会一蹶不振，所以希望能帮助你快点治好病，那样才会有人跟我一起竞争第一，你重新变回那个自信又傲娇的恩和。"尚余微笑着说，她是他遇见过，最好的对手。

自信又傲娇……果然作为学霸，有超高的智商，却只配备了超低的情商，哪有这样夸人的。

少年啊，谢谢你

在尚余的帮助下，恩和一步步走回了正轨。她摘掉了口罩，即使变成面瘫的她看起来有些奇怪，但是那才是真实的她。而且她也相信，在不久的将来，她一定能重展笑颜。

只是恩和的成绩因为烦恼面瘫的事情已经到了班级中游，没了学霸的光辉，而落下的功课想要补上，是一个非常大的工程。还有三个星期就期末考试了，她答应尚余要考出最好的成绩，即使希望渺茫，她也想要努力一把，天天抱着一大堆书回家啃。

那天她刚踏出教室门，就被尚余拦住了去路，他递过来一个笔记本："拿着，这是我的御用宝典。"她拿过来一看，尚余竟然将几门功课的最重要知识点，整理到了一个笔记本上。

"这么无私？"她犹疑，想了想把本子递还回去，"我想凭自己的努力复习考试，不想拿别人现成的成果。"

尚余皱了一下眉，但是很快就收回本子，眉眼也翘了起来："这才是我以前认识的恩和嘛，我就等你来打败我。"尚余已经当了半个多学期的独孤求败了，眼看着恩和恢复斗志，他别提多开心了。

在等待期末成绩的时候，恩和紧张地不敢查，后来是尚余事先得知了他俩并列年级第一，激动地来找她分享。

但是恩和的心情却并不怎么开心，她倒宁愿做第二名了。因为第一名要上台演讲，与同学分享学习心得。

曾经恩和特别喜欢这样的机会，可那是当初，现在的她，顶着一张奇怪的面孔，她怎么敢在大庭广众之下露相，万一出丑了……

尚余狠狠地在她的脑门儿敲了一下："你是不是复习傻了？爷爷都说你的病好了，就算你不信自己也该相信爷爷啊。"尚余一眼就看穿了她的心思。见她不说话，尚余不知从哪儿弄来一面镜子："不信的话，你自己看吧。"

恩和别过头去，她已经很久没有照镜子了，因为每次照镜子对她来说都是打击，后来干脆就选择逃避了。可不管她的头往哪边转，尚余就把镜子拿到她的跟前。

恩和忍不住看了一眼，镜子里的她，微微蹙眉，脸颊上的肉耷拉着，表情委屈。每一秒的小表情都生动鲜明，她终于不再是那个不会动的雕塑了，她夺过镜子，一遍遍地做着表情，旁边的尚余笑得合不拢嘴。

她抬头看尚余，看到在逆光里的他笑得特别好看，她也开心地笑出声来。

少年啊，

谢谢你愿与我并肩走过荆棘，

更谢谢你让我重拾如花笑靥。

最好对手的你，

也是我最好的伙伴。

遇见你时，恰逢青春

花开的声音

陈呵呵

那是一个挺平常的夜晚，我抱着电脑在刷日剧，常年保持"离开"状态的QQ突然弹出一条好友验证的申请信息。

阿界，我是阿K。

阿K……我眯着眼想了一会儿，终于想起来阿K是谁。

我和阿K相识于三四年前的一个文学论坛，阿K是管理员之一，而我是新上任的某版块版主。一来二去就这么认识了。后来阿K不知出于什么原因离开了论坛，就逐渐淡了联系，再后来我换了QQ，就完全失去消息了。

通过好友请求后，阿K立马发来一串问候。还是曾经的语气，好像我们上次对话距此仅隔数日。我有一搭没一搭地回着阿K的话，直到阿K说我变了，没有以前活泼了。

我说我老了，现在对什么都提不起兴致，只想安安静静混吃等死。

刚点了发送没多久，屏幕上立刻弹出了阿K的质疑：骗人。你甘心这么普通？我不信。

我有些哭笑不得，问：难道你想象中我应该是出任CEO迎娶高富帅走上人生巅峰的那种？

阿K居然还一本正经地说：比这种稍微差点儿吧。

我很无语，回道：原来在你想象中我那么棒。现实很残酷，接受吧，我辜负了你的期望。

过了两三分钟，阿K才徐徐发来一段字——

未来小有名气的写手，有工作还有稿费，收入不够荒淫无度，但衣食住行无忧。

多美好的希冀呢，但我除了小有名气，其他似乎都做到了呀。

虽然做得不够很好——当然这句话，我留在心底没跟阿K说。

初闻阿K的想法很好笑，笑完却觉得失落。

不知道那时的我是否跟你勾勒过我的未来，你希望我不被时间打败，我却败给了生活。我很遗憾没有你想象中那么棒，三四年前的我是怎样的呢？

那时的我被那道名为"高考"的结界圈在一个特定的小角落，充斥在周遭的除了考试就是补习，就连睡觉都在背文言文、英文单词和化学公式。我迫切地需要呼吸，需要别人听到我的声音，可又不想别人知道那是我，因为我怕我不切实际的梦想会被人嘲笑。

就在这个时候，我通过论坛认识了很多志同道合的朋友，我们在坛子里畅所欲言，百无禁忌。从小到大我都不是一个成绩优异的好学生，好像在大多数人看来，学生时期的成绩好坏已经决定了一个人未来所有的道路。好学生的未来是光明的，而差生是没有未来可言的。

但事实果真如此吗？现实告诉我们并不尽然。

可没有人愿意听我说这些，所以我将这些说给网络那头的他，她，和他们听。

鲜衣怒马，仗剑江湖。

这是我当年的夙愿。现实里我无法付诸实践，网络却帮我还了愿。

我说我以后要当一名背包客，用自己的双脚丈量全世界，写出被很多人喜欢的小说。我还说我要去丽江开一家中式客栈，住进来的旅客必须穿汉服，否则不接待。我也说过我大学要去学西点，然后开一家属于自己的甜品店，或者拥有一家自己的书店也是极好的。

梦想越来越小，心也越来越容易满足，时间这东西太妙不可言，我们谁都无法信誓旦旦说它能成就我们什么，平凡并不等于平庸——在重遇阿K之前，我一直这么安慰自己。

曾经希望自己不要被生活磨去棱角，到头来还是输了。

其实仔细想想是有一些不甘心的，为什么会变成这样？是我不够努力吧，是我太过不切实际了吧，还是其实我只是在自说自话？或许都有，可为什么，我不能找到过去的自己，然后握手、拥抱，重归于好？

我花了将近一个月的时间来想这件事，或许当初的自己还是太过年轻，总以为自己能想到的就一定能做到，却又无法承受失败的打击，久而久之，那颗高高在上的心就这么搁浅了。

现在我无比庆幸阿K的那几句话，让我决定重拾曾经丢下的小野心。

不再好高骛远，不再异想天开，一步一步，脚踏实地，做好每一件触手可及的事。这样的我，才有资格伸手去触摸更高的梦想。

我想我会始终怀揣着我的小野心，适当的时候给它浇点水，或许它会在夜间悄悄膨胀，有一天开出让所有人惊喜的花朵。

所以，你听到花开的声音了吗？那是我们曾经的梦想。

遇见你时，恰逢青春

遇见你时，恰逢青春

姑娘不漂亮

　　我坐在曾经无比熟悉的公车上，像搭乘了时光列车，隔着整个青春年华，看见那时的我们笑容熙攘，裙摆飞扬。

　　想起那个天生性格开朗、有些慢热迟钝的你，戴着一副老旧的眼镜，自然卷。心里洋溢起一阵暖流，大概是种感动吧。

　　第一次认识你，是在小学。对你并没有过多的印象。如果真要说，那便是文静和朴实，对，就是那种充满乡土气息的淳朴感。可是后来，在你和我一起很没有"节操"地一起疯、一起逗比的时候，我发现对你做出的这个"文静"的判断，是多么的草率。还真是应了那句话"静若处子，动若脱兔"。

　　然而真正了解你，是在初三。那时正是中考备战时期，枯燥难熬。这场艰辛的"长跑"中，我们彼此慢慢走近，起初是因为一起去饭堂的时间凑巧，一来二去便成了好"饭友"。

我们会一起乘公交车去很远的图书馆，午餐吃着同一份盒饭，嘟嘟着嘴巴计算着费用。也是那时，认识了马鸿旭，当然了，这种认识，只是单方面的。

我们奉他为偶像，因为他那段传奇的"逆袭"神话，我们也希望能从"学渣"逆袭成"学霸"。

他曾经在书上写到过"在奋斗的路上，你永远是孤独的，因为奔跑的人没有心思去体谅别人的小情绪，更没有时间去调整错综复杂的关系。"

我觉得，我和你大概是一个例外吧。但前提是，我们的关系并不错综复杂，我们的小情绪从不藏于心里，或许这是和我们的性格豁达大大咧咧有关。

但更是因为我们的相处模式。我想，是平行模式吧。你说，因为是平行，所以会不离不弃。

中考体育项目是八百米。我的长跑成绩很差，于是你便每天拖着我，到操场跑一圈儿，懒散的我在一开始便找尽各种理由搪塞。而你却像严厉的领导人一样，很严肃地一条一条反驳我无理的借口，让我哑口无言不得不按照你的话去做。

在你的身上，让我学会了拼尽全力而不是急功近利。

但是生活的列车有时候会出轨，于是我们也会变得面目全非。

那段初三奋斗的日子，我连连受挫，你的成绩也不尽如人意。我们就这么一直互相鼓励支撑着前行。

后来毕业。那天风很猛，发丝在空中张牙舞爪，天空有些抽象，不太真实。也许是被这个蓄谋已久的离别，搞得伤感和无措。过程很平静，由始至终大家都很沉默。

我以为我们要印证那句话：我们在春风秋雨里无话不说，却在春去秋来里失去了联系。

然后，你就出现在我眼前。准确来说，是出现在我们的高中门口。我才理解沈从文说："凡事都有偶然的凑巧，结果却又是宿命的必然。"

你顶着蓬蓬头，戴着那副旧金丝边眼镜，咧着那白到反光的牙齿说："嘿，好巧。"哪里是好巧，是种必然吧，我心想。

说真的，你的笑容在阳光下，我感觉很恍惚。现在想起来更多的是感动。

那时差点我就忍不住，奔过去抱住你痛哭一场。心里对陌生高中的未知和恐惧就在见到你的那一秒钟消失殆尽，瞬间获得笃定从容。

忍住那种热泪盈眶的冲动走过去："是啊，好巧。"

那些让我们哭过的成绩单，让我们笑过的红奖状，老师的苦心叮嘱，同学的追逐打闹。仿佛还在昨天，在那段柔软的时光里。

一辈子是段长长的旅行，我和你种下的绝不单单是旅途里的一段时光，而是一股坚韧而让人踏实的力量，在未来漫长的人生里，葳蕤生香。

彼得潘不住永无岛

桉宇树

你说，长大后我们会变成什么样子？

嗯，你还会是一个大笨蛋。

依稀记得初次见面的场景。

那是开学第一天，我们都还是两小无猜的年纪。那天大笨蛋当众脱下裤子完美完成他的校园首秀，旁边的女老师张大嘴巴吓得不知所措。

事后据当事人回忆，原来那一天是在家里吃多了荔枝发了热病，后股瘙痒难忍才出此"上策"。可是，可是再痒也不能在众目睽睽之下露出小屁屁啊，旁边，旁边还有女孩子呢。

那时候就觉得那个大头男孩儿挺笨的，好吧，就叫他大笨蛋吧。没错，大笨蛋个头很大，比同龄人要大许多，后来我总是很嫌弃对他说，哥们儿把头撇过去一下，挡着手机信号了。可是他老爸头却很小，让我不禁想起了《大头儿子小头爸爸》里面的经典台词：大手牵小手，走路不怕陡。大头配小头，下雨不用愁。人家有伞，我有大头。

有时候常常琢磨着大笨蛋脑袋里到底塞着什么玩意儿呢，我想里面一定是豆腐花吧，不然怎么就那么爱喝豆浆呢。大笨蛋每天的早餐必杀技是豆浆豆浆还是豆浆，反正只要有豆浆在米饭都成了佐料。

再来聊聊大笨蛋那突破人类底线的长相吧，那五官精致得……一出门那是一个千山鸟飞绝，万径人踪灭。他看上的女孩子通常是看背影急煞千军万马一回眸吓退百万雄师那种。其实，大笨蛋的审美观应该也突破了人类底线。

对了，经过那一场裸奔风波后我和大笨蛋顺理成章成了铁哥们儿。是的，我打小就不交不三不四的朋友，所以我的朋友一定都很二。后来又和大笨蛋做了拜把子兄弟，拜天地那天我对大笨蛋说："为了亲上加亲，以后我儿子可是要娶你女儿做媳妇的，这样咱们就算是世交了。"大笨蛋听了挠挠头又摇摇头义正词严道："那可不行，现在都啥年代了怎么能这么老封建。当然只能让你女儿给我儿子当媳妇。"我听完后哈哈大笑。

大笨蛋虽然长得像个坏学生不过总是被坏学生打，只有一次是例外。那一次我被一个高年级同学欺负，大笨蛋撞见后立马召集一群小伙伴抄起家伙冲了过来。嗯，忘说了，大笨蛋手里的家伙是石头。那天那家伙被砸得头破血流撒腿就跑。事后我对大笨蛋说："你真够笨的，那么大的石头就往人家身上砸去……好歹你也挑块小的。"大笨蛋耸耸肩满不在乎道："我不管，只要欺负我兄弟，我就不让他好过。"我听完后倒吸一口气，这以后要是跟着他混注定要牢底坐穿。

去镇上读书后，周末放假我们一起坐很长很长时间的车回家。我眯着眼靠在他肩上听他眉飞色舞聊着学校里的事，聊他班上转来好看的女孩儿，聊食堂永远都很难吃的饭菜，聊我们学校很凶又很搞笑的体育老师。那时候我们还不懂生离死别，永远天真无邪。

关于命运这个词，辞海里有两个释义：无法改变的过去或无法掌握的未来，叫命运。

是命运打败了这一切。厄运突然降临的那一天大笨蛋没有哭我却哭了。大笨蛋说："不许哭，男子汉哭什么？"

那一天我问大笨蛋："大笨蛋，你知道彼得潘么？传说彼得潘生活在一座叫作永无岛的岛屿上，他永远天真，永远善良，永远也没有烦恼，而且永远也长不大。""那我们可不可以去找到永无岛？"我看见大笨蛋眼中闪烁着光芒，"是不是只要我们找到永无岛，我们就可以永远也不用长大了？""你说那个彼得潘会长什么样子？"大笨蛋擦干眼泪笑笑。"嗯，不知道，不过我猜他应该很爱喝豆浆吧。"那一次我抱紧大笨蛋，用力点点头："对，他和你一样，肯定也很爱很爱喝豆浆。"

那时候我们的梦想是努力学习考上一个好的高中，再努力学习然后考一个好的大学。可命运降临之后大笨蛋天天一副无所谓的样子，大有一种中高考你尽管放马过来吧的架势。学生时代的我俨然成了一个高逼格的文艺青年，随手就可以来一句类似我曾经苍老如今风华正茂的高逼格神句。大笨蛋呢，还是那个长不大的小破孩儿，拉着我逛遍玩遍无数家游戏机厅。

后来大笨蛋干脆完全放弃学习专职游戏，看看他那排名就知道年级里有多少人。大笨蛋总是很忙，忙得和我说话的时间都没有，我说："哎哟，你这么忙日理万机的还亲自上厕所啊。大笨蛋你回头是岸吧，明儿我把课程全部给你补上，人活着怎么能轻言放弃理想呢。"大笨蛋摆摆手说："别和我提理想，戒了。"

只是，大笨蛋依然很乖，不打架不滋事，不是街上的那种小混混，除了不好好学习以外是一位标准的好好学生。只是我知道，大笨蛋很悲伤。妈妈告诉我，人在最悲伤的时候可以不顾一切地活着，可以奋发图强孤注一掷；也可以另一种方式不顾一切地活着，可以万念俱灰不问世事。大笨蛋是后者，可是我不怪他。

后来，大笨蛋又改行玩起了网游。于是，他又成了网吧的常客。于是他又拉着我逛遍了小镇上所有的网吧，而之后大笨蛋又得出一条结论：玩游戏没出路了。好吧，没有我期待的浪子回头，只是因为大笨蛋觉得镇上的电脑太次了，一个卡位竟然花了两秒七三。其实，我很诧异大笨蛋可以将时间精确到百分位。金盆洗手后，大笨蛋不再浪迹江湖，和我所期待的那样教室成了他的最终归宿。只是唯一不美好的是大笨蛋又成天沉迷于网络小说。后来，从不看网络小说的我受他耳濡目染竟也能看《仙逆》《遮天》一两部小说。

那些日子，大笨蛋整天沉迷于虚拟世界，QQ签名俨然改成了：本人已死，有事烧纸。小事招魂，大事挖坟。如遇上线，纯属诈尸！后来我生日的时候大笨蛋真诈了回尸，晚上我跟着他那帮兄弟胡吃海喝。我说："大笨蛋，我生日只想你一个人陪我过。"大笨蛋突然抱住我，很紧很紧，第一次那么近，两个人呼吸揉在一起。

那一天我问大笨蛋："大笨蛋，你说长大后我们会在世界哪一个角落？"其实那一天我想问的是，你会觉得有一些遗憾么？明明有那么多那么好的风景，却偏偏选择了放弃。大笨蛋听完后笑笑满不在乎道："不知道，管他呢，过好当下再说。今朝有酒今朝醉，明日愁来明日愁。"记忆中这是大笨蛋第一次对我说这么文艺的话，可我听着格外伤感。我不甘心朝他用力吼道："大笨蛋，你说十年后的我们会站在世界哪一个角落？""不知道，也许那一天我们会待在吴嫂的早餐店里一起喝豆浆呢。"

我记得他说完话的时候，一瞬间，天空顿时暗了下来。我还记得那一天风很大，将我们的影子拉得很长很长，过后长风又随着时光洪流朝向一个叫未来的地方轰轰烈烈跑去……

后来大笨蛋辍学了，离开时没有告诉我要去哪里，只知道他去了很远的地方。

后来，后来我忙于高考，断了联系，就再也没有见到过大笨蛋。

记忆里大笨蛋永远眯着眼睛，阳光下看不清楚他不喜不伤的模样。那些岁月像是盛开在记忆里的夏天，而梦中那个大笨蛋依然安静地站立在或明或暗的光线里守望着一个又一个黎明，如一幅黑白映画。

我们一起念书，一起坐车回家，一起长大，而后命运让这一切都戛然而止。

当然我记得那年的冬天，下了很多很多场雪。那是大笨蛋辍学后我第一次见到他。

那一年我高考，而我已经有几年没见到他了。

有一天收到一条短信，短信里是一张图片，图片里是手写的：生日快乐！字迹模糊又熟悉，那一刻像是天空都亮了。

那一天我忐忑不安地照着号码拨了过去，那一天大笨蛋憨憨地说了好多。大笨蛋最后憨憨道，不好意思哈，明天是你生日，我不能赶过去了。

我说，你该把那蹩脚的字好好练练了。大笨蛋应付，好好，行行，一定练。然后大笨蛋叹了口气，明天还要早起干活呢。我说，那好，晚安。他说，嗯好，我挂了。

然后，世界顿时安静了。忽然鼻尖涌起一股酸意，想起以前很多很多事。

我想，如果七年前没有那一场变故，这一切都会不会变得不一样了呢？

曾经我无数次设想过这样的场景：在浩大明媚的天空下，那个大笨蛋会和我一样，依然背着书包穿梭在回家与学校的路上，依然埋头写着数学题、依然想尽办法为攻破出题老师的陷阱而绞尽脑汁，依然一起扬着头以朝气蓬勃的姿态忙忙碌碌穿梭于三点一线。放学后，我们一起赶去就餐，一起在谈笑风生中跑去上自习，一起坐很长很长时间的车回家。然后把头埋进他胸口，美美地睡上一觉。

这么说来，还真是有点儿想他呢。抬头，打了个喷嚏，估计是那个大笨蛋也在想我吧。

那一晚我没有问大笨蛋为什么这么些年没有来找我，我知道当我听到电话那头声音夹着些许无奈和无力的时候，我就知道答案了。当然，那晚我也没有告诉大笨蛋，其实我真的很想很想他。

江南，雪停下来的时候，我刚补完课，我们商量着好好聚聚。

冬日的暖阳永远显得那么珍贵，我站在车站外看见风跑过香樟树，跑过人群，跑过每一处充满希望的地方。

我想，待会儿见面的时候要不要给他一个大大的拥抱？大笨蛋估计已经长得很高很高了。

甚至，我想，待会儿看到他第一眼会不会激动得扑到他怀里哭一场呢？

可是，都没有。

他风尘仆仆来的时候，穿着一件浅蓝色的大棉袄，有点像一头憨厚的大笨熊。我们点头微笑，没有过多寒暄，然后并排一起在横店街上安静溜达着，就好像我们每天都会拥有这样安静又温柔的时光。那一晚，我们去豆浆店喝了豆浆，外面的风很温柔，大笨蛋一口气喝了好多杯。大笨蛋告诉我辍学后他没有去饭馆学做豆浆反而学起了做模具，为此我深感遗憾。大笨蛋却笑笑说，没关系的，反正哥们儿以后是豆浆界最会做模具的，模具界最会喝豆浆的。说完，大笨蛋打了一个响亮的饱嗝。

晚上他骑上摩托车戴上头盔的模样真的很酷，像一个铠甲勇士，在无数街灯星光闪耀下逆风而行。

那一天，那个逆风少年戴上铠甲骑着摩托车载我过长长的牛头山隧道，天地很安静，只剩下我们，只剩下摩托车的轰鸣声。寒冬的长风穿过我的面庞我的耳根，却依然炙热无比。

摩托车在风中疾驰而行，就像梦一样自由。大笨蛋转过头来看着我，你还是没变啊。我扑哧笑道，你变咯，变白了变高了，声音变得难听了，只是唯一不变还是那么笨。大笨蛋听后笑笑不说话，过了半晌又问我，真的变白了吗？我点点头，他回头拍拍我肩膀笑道，整天不见光当然就白了啦。说完他自己哈哈大笑起来。

我没有告诉他，其实在刚刚看到他第一眼，我差点儿就认不出他来了。他脸上多了我们同龄人所没有的沧桑和成熟。

我也没有告诉他，其实刚才在人群中我一眼就认出他来了。因为我还记得他的眼睛，永远清澈明亮，永远宽厚善意。

而我依然记得，那天晚上风很温柔，星星很漂亮，天空浩大明媚。有一瞬，忽然觉得天地间就只有我们俩。我们一起穿过山川湖海，跨过时间河流，越过世间悲喜……忽然之间发现坐在我前面那个大笨蛋他长大了，担当又勇敢，戴上盔甲的模样像一个超级无敌大英雄。只是我知道，他依然还是那个大笨蛋。

晚上，我们睡一块儿。我趴在大笨蛋的肩膀上，听大笨蛋给我讲很多事情，听他给我讲外面的那些风风雨雨，听他给我讲一个又一个小江湖。

但从他口中出来的故事，永远都是充满善意的无公害的，都是一个简单得不能再简单的小因果。我知道，他比我们这些上学的孩子都朴素有情怀。

大笨蛋告诉我，有一天晚上他往住宿的地方去，忽然有一个抱着小孩儿的男人问他"借钱"。大笨蛋说，当时男人怀里的孩子哭了。大笨蛋说他最怕孩子哭了，所以就把口袋里仅有的一百一十块钱抽出了一百块给了人家。

我听完后骂道，你真是个大笨蛋，人家明明是大骗子骗钱的知道吗。大笨蛋点点头，大笨蛋说我知道啊。当时我有七成的把握对方是个大骗子，当时我正犹豫到底要不要给。我问，那你干吗最后还要给。大笨蛋笑道，因为男人怀里的孩子哭了啊。

大笨蛋笑的时候真是又憨又笨啊。可是，我看见后却是鼻子一酸。哈哈，大笨蛋遇上大骗子，然后撇过脸去眼泪哗啦啦地掉。我想啊，天下之大，大不过他缺的那块心眼儿。

是不是那一刻，大笨蛋从那孩子身上看到了自己的影子？

七年前的他，人生正遭遇了一场巨大的变故，我不知道那时候的他是怎么挺过来的。我甚至记不清他有没有在我面前哭过。那么七年前的我在哪里呢？依然是没心没肺，依然是该吃吃该睡睡。所以，那一年对于我来说最遗憾的是莫过于没能够来得及陪他一起悲伤吧。

冬日的暖阳下，迷离的光影里，温柔的长风中，望着他拜祭他爸爸时虔诚的背影依然会感动、依然会泪流满面。

因为我们都是大笨蛋，才会念念不忘。

冷风中，他红肿着眼睛，我扑上去给了他一个大大的拥抱。我说，小时候常常和别人拜把子做兄弟，可到头来能成兄弟的也只有这么一个。我说好好干，今年要是没能考上大学，哥们儿就投奔你了。我说想哭就哭吧别硬撑着。

回到家，大笨蛋笑着抱起弟弟去买糖吃。望着他离去的背影，我想也许终有一天我们都会像他一样，独自承受着一切，忍着世事艰险，背负着责任，不问苦痛，默默担当。

作家刘亮程曾说过："落在一个人一生中的雪，我们不能全部看见。每个人都在自己的生命中，孤独地过冬。"

只是，在寂寞寒冬我们都要学会成长。曾经我们都像一个长不大的孩子，永远有掉不完的眼泪、无尽的悲伤、做不完的数学题。可是我们终究都要长大，我们终究要学会一些让我们安身立命的本领，终究要忘掉那些伤痛擦干眼泪，终究要佯装微笑带着期许和美好继续上路。

那是2009年我们最后一次见面，此后他就了无音信。传说大笨蛋和叔叔一起去了上海，传说大笨蛋在外面过得很好。

小时候，他们告诉我说，时间会是最伟大的治愈师。那些曾经以为永远不会走出的伤痛，那些以为永远无法忘掉的事情，都会在时间的掌纹里，慢慢抚平伤痕。我想，那大笨蛋呢?

有一天我在北京西单图书大厦上看到一张大大的海报。海报上是一个笑容温暖可是眼睛里大雾弥漫的男生,笑起来的模样让人想起夏日里最明媚的阳光。他安静站在一棵香樟树下,穿着蓝色衬衣,提着书包,仰着头望着天空。一瞬间感觉一股热浪快要从眼眶里砸下来了。然后想起很多很多事……

"你说十年后,我们会站在世界哪一个角落?"一晃好多年就过去了,而后好多年我再也没有见过大笨蛋。往后的人生,各自为安,各自独挡。

2016年,刚好是十年。我记得十年前我问这句话时他的人生正遭遇巨大变故,而十年后我们初入江湖。只是江湖好大,不知道还有没有人记得自己曾经许下的期许与承诺。2016年初夏,我一个人乘坐飞机去海南,一个被称作天涯海角的地方。我跟别人说的是去旅游,因为我怕说出事实连自己都会觉得好悲伤。谁说呢,岁月跌途,江湖浩浩。

远处浪涌翻滚,月下石碑上刻着:陆止于此,海始于斯。海很温柔,夜色很美。我一个人站在海边吹着海风,看远处潮起潮生。只是风景这么美,为什么忽然觉得有一点感伤?

忽然,旁边一个穿着西装的男人拍拍我的肩膀。他微笑着手里拿着两份豆浆,远方的海风很温柔。

——你说十年后我们会站在哪一个角落？

——嗯，说不定我们会站在一起喝豆浆呢。

——你还在寻找彼得潘吗？

——不会了，我只是一不小心把他弄丢了。

——你找到永无岛了吗？

——嗯，对。它就在我脚下。

刘昂星的美食周末

刘 晴

1

如果你童年看的是国语版的《中华小当家》，那你一定不知道刘昂星是何许人也。我也是最近才知道的，中华小当家原本叫中华一番，小当家的本名其实叫刘昂星。

为什么我会知道呢？因为我们班有个大名鼎鼎的美食家就叫刘昂星，他以自己的名字为荣，逢人就科普自己的名字，弄得全班同学都被迫地又去看了一遍《中华小当家》。

刘昂星不仅是我的同学，更是我家拉面店的常客，几乎每周末，他都会光临我家吃拉面，几乎每个口味他都吃过，我看他都看腻了他居然还没吃腻。

"这次要吃什么口味？"其实我已经猜到他要吃啥味的了。

　　"当然是特级的豚骨拉面！这个太经典了，顿顿吃都不会腻！"

　　虽然我也知道豚骨拉面很好吃，但也没必要每顿都吃吧？看着他忍着口水等着拉面的样子，我都有点儿馋了。

　　而刘昂星之所以被称为美食家也不仅仅是名字的原因，更是他完全可以和小当家相媲美的对美食的评价。

　　"这个面，仿佛突然有一股强大的力量从体内涌出来，这个汤又醇厚又香浓，用大量的骨头经过很长时间熬出来的汤头，与其说在喝，不如说在吃，这个面经过揉打，咬起来嚼劲十足，我从来没吃过这么Q的面，面里面没有多余的调味，但是却与配料十分搭配……"

　　听他一口气说了这么一大串，我都怀疑他是背好了台词来吃面的。不过每次他说的话都不一样，如果是背的话，他这惊人的记忆力足以考第一名了。

　　"吃饭就吃饭，说那么多干吗？一会儿面都胀了。"

　　他悻悻地收了声，老老实实地吃了起来。呼哧呼哧地吃了几大口之后，他又问道："太好吃了，这是怎么做的啊？"

　　我没想到他会问这个，惊奇地问道："你刚刚解说了那么半天连怎么做的都不知道？"

　　他不好意思地挠了挠头，道："吃和做是两个概念。"

　　我想了想这应该算是商业机密，可不敢随便告诉他，于是拒绝道："那可不行，要是教会了你我家就损失了一个客人。"

　　他脸色一下臭了下来，嘀咕道："奸商！"

　　我以为他只是随口一问，或者在我拒绝之后会就此作罢，然而我没想到刘昂星还是个执着的吃货。

2

　　刘昂星直接绕过了我去拜托我老爹，这个没脸没皮的上来就各种拍马屁，把我爹老人家哄得心花怒放，二话不说就答应教他了。

　　看他穿着围裙认真记笔记的样子，我有些傻眼，这货该不会是认真的吧？

　　店里打烊之后，他收拾东西准备要回家，我忍不住凑过去问道："你真要学啊？我还以为你在跟我开玩笑呢！"

　　他诧异地看了我一眼，回答道："怎么可能？我很早之前就想学了，但那时候在学炒饭没腾出来时间！"他说得兴致勃勃，宣誓道："我一定要学会所有美食的做法，这样我不用出门就能吃到好吃的了！"

　　我被他彪悍的理想惊呆了，竖起大拇指赞扬道："好高尚的理想！你还真是志存高远哟！"

他不好意思地拱手回答道："过奖过奖。"

这货居然没听出来我在说反话，真是浑身上下就长了一个吃心眼子。我冲他摆了摆手，道："那你好好加油。"

我真搞不懂他有这时间精力放在其他方面多好，非跑来学什么煮拉面，没事闲的他。一到周末我就要在店里帮忙，想读书写小说都腾不出时间，刘昂星还真是不懂时间到底有多宝贵。

我的梦想是成为一个作家，所以我有一点点空闲的时间就会看书写字，在我看来这才是值得努力奋斗的梦想，像刘昂星那样的，根本就不懂梦想二字的真谛。

3

学了大半个月，刘昂星已经快要把我家祖传的秘方全都抄到他的小本子上了，他也总算知足了，郑重地向我爹行了个礼，道："谢谢师父的精心栽培，我已经将咱们的乔氏拉面的精髓全部掌握了！"

我爹感动地拍了拍他的肩膀，有感而发道："好孩子，总算是没有辜负师父的一番心意。"说到这他干咳了两声，瞪了我一眼说道："不像圆圆，成天就知道看那些乱七八糟的书，写些没用的东西！"

我不示弱地瞪了回去,说道:"你懂什么,那叫文学创作!"

每次说到这,我都会跟我老爹大吵一架。他总是把自己的想法强加在我身上,我明明就不喜欢拉面,他非得让我学;我喜欢看书写作,他就说那是没有用的东西。

"创什么作?有那时间你好好跟我学学做拉面!"

看吧,他就是这么独断专行,煮拉面哪比得上写作有前途?拉面煮得再好也就能开个拉面店,但是写作就不一样了,写出名了就是大作家,到时候就会有很多人崇拜我羡慕我,不比煮拉面强多了?

我也懒得跟他吵,直接摔门回房间,世界顿时清静了。

第二天在班级,刘昂星凑到我跟前小心翼翼地问道:"你跟师父昨天吵得那么厉害,和好没啊?"

我恨恨地把书拍在桌子上,回答道:"放心好了,这次我跟他吵得算是轻的了。"

"……其实你们可以好好沟通一下的。"

"跟他沟通就是对牛弹琴!真不明白他是怎么想的,写作那么伟大的一件事他有什么理由反对?你也是,学点什么不好非得去学做拉面,一点儿都不高大上!"

我承认我有些迁怒了,但是我也不想让刘昂星继续执迷不悟了,在我看来他花大把的时间去学做拉面根本就是浪费时间。

然而刘昂星却不乐意了，他回答道："做拉面怎么就不高大上了？在我看来它和你眼中的写作是一样的。你可以坚持自己的梦想，但是不要贬低别人的梦想。"

　　谁贬低了？我是为了他才好心提醒的，这家伙却不领情！做拉面本来就不上档次，只有刘昂星和我爸爸才会觉得那是有前途的事。

　　而此时此刻的我却没有意识到，我不自觉间做了和我爸爸一样的事——站在自己的立场，以为你好为理由去否定别人的梦想。

4

　　我和刘昂星开始冷战，既然他不领情我也不会热脸贴人家冷屁股，我只要专心写好小说就可以了。不过刘昂星并不是只专注于拉面一个领域，他的目标是成为一个美食达人，成为像中华小当家一样的男人。

　　很快他便掌握了特级豚骨拉面的精髓，我爹特别高兴，特别邀请他到我家吃饭来庆祝他出师。

　　饭桌上我闷头吃饭，完全不理对面聊得欢快的两个人。

　　"小刘啊，你接下来打算学什么呢？"

　　刘昂星想了想，回答道："打算学学拌凉菜，再学学刀工雕花摆盘什么的。"

我在心里不屑地冷嗤一声，这人还真是把成为厨子当成毕生的理想了。他俩在一起有话聊，我在这坐着却一点儿都不舒坦。

于是我把筷子一撂，语气很不好地说道："我吃饱了！"

可能刘昂星是想缓和一下我俩之间的气氛，便跟了过来好言好语地对我说道："抱歉，上次我说话的语气太重了。"

我撇过头不想理他。只听他继续说道："但是我希望你能换位思考一下，如果我对你说写小说没前途劝你放弃，你会怎么样？"

"这两者怎么能相提并论呢？写作本来就比做饭要体面！"我反驳道。

"那是我的事情，体不体面也只是在你看来的。对我来说做饭是种乐趣，成为一名厨师更是我的追求。如果别人的看法那么重要，你为什么不听你爸爸的话呢？己所不欲勿施于人。"

一语点醒梦中人。

我一直没有在意过刘昂星的想法，只是站在自以为的角度妄下评论。他眼中的我，应该和我眼中的爸爸是一样的。

又有多少人也是如此呢？不知从什么时候开始，我们的理想，都是把别人的看法放在了首要位置，自己反而成了迎合将就的人。难道我们追求的不是自己的理想吗？难道我们不该追求自己喜欢做的事情吗？

梦想是给自己追求的，并不是用来炫耀的。再伟大的理想，也需要脚踏实地地一步步地去实现。如果仅仅是为了体面，那我说想成为国家领导人不是更体面？

原来一直以来，我都是错的。在家里我和爸爸两看生厌，我总把原因归结到爸爸的身上，其实也有很大一部分原因在我身上。

我只顾着争吵却从未尝试过沟通；我每天幻想着一步登天却忽视了卑微的努力。我甚至自以为是地去鄙视别人的梦想，却没发现，刘昂星一直在努力。

还好我醒悟得不算太晚，我也终于明白过来，追逐梦想的过程中，最怕张扬。梦想不该用来炫耀，它可大可小，我们没有必要因为梦想渺小而自卑，也没必要因为有雄心壮志而感到自豪，毕竟只有实现了梦想，才有发言权。

陪你渡过深深海湾再走散

Z姑娘

我从没后悔遇见过你，从十七岁闪烁的年华开始。

我小时候喜欢独木舟的书，她为心爱的男生一口气打了十六个耳洞，疼得刻骨铭心，我自然没有那么大的勇气，我只用银针扎破一对耳洞，依旧在幻想某天遇见一个耳钉闪烁着凌厉光泽的少年，从他的耳洞上取下一只耳钉，火柴般划亮我的年华。

最动人的时光，未必地老天荒

2016年的深冬，我遇见了木木和凌杉海。

正是圣诞节将近的时候，我和林佳逃课去街上消磨时光，美其名曰给自己放一天假。林佳去买奶茶，我就站在街上一棵被布置得特别喜庆的圣诞树旁等她，然后一把被一个女生拽住了胳膊，差点儿把我的手机摔到地上。

我皱着眉头一脸茫然地甩开那个女生的手，"我认识你吗？"

那个女生原本阴沉的脸突然晴朗了一点儿，"我是木木。"

那天的木木格外好看，深红色的口红、精致的淡妆，又也许不是化妆的原因，反正她站在那里冲我笑一下，我就觉得目光被彻底地吸引了，可是站在她旁边的那个男生，从始至终头也没抬过。

那时候我以为木木至少有二十岁了，晚上我们坐在必胜客里喝浓汤吃鸡翅，才知道她只有十八岁，半天都只忙着吃的林佳说："才十八岁的花季少女怎么打扮得像个女人一样。"

木木一下子笑得花枝乱颤，然后把目光转移到我身上，"冷萧，要不要我教你化妆？高中生可以开始试试。"

我吓得赶紧摇了摇头，林佳在底下捣捣我，"你怎么总能认识这些莫名其妙的人，万一是人贩子怎么办？"

大概是下午喝了一点儿啤酒，我在一片圣诞欢闹的喧嚣中有点儿晕，我特别肯定地说："不会。"

"你那么确定？"

我没想好该怎么和林佳解释时，服务员打断了我的思路，"不好意思，今天是平安夜，我们店提前打烊。"

尔后我们三个人一同走在夜晚清冷的风中，木木大概在想凌杉海，林佳在想木木是个怎样的女生，我也不知道我在想什么，就是觉得这样的天气这样的日子这样的年纪，三个女生在街上漫无目的地走有点儿孤单。

临分别时木木还是给我留了号码，"有什么事都可以找我。"她踩着高跟鞋离开，长发散在风里，我莫名有点儿难过。

林佳还在喋喋不休，"你怎么会觉得这样的女生不坏？"

林佳不知道，木木拉住我的时候说："你说　个男生每天给你送早餐，陪你说很多很多的话，难道不是喜欢你吗？"

我仔细想了想似乎没什么问题，诚恳地点了点头。

"难道喜欢一个人不是想和他在一起，分享彼此温柔的生活吗？"

我同样觉得很有道理，继续点头。

"可是你知道吗？我让他在圣诞节给我买一支廉价的口红……"

"你想多了吧。还有你，小鸡捣米呢，她说什么都点头。"木木的话被一直站在她身旁玩手机的男生打断，我才知道原来一心真的可以二用，那个男生一直在听我们说话。

但我不明白喜欢一个人跟口红有什么关系，也不明白那个男生为什么那么奇怪，扔下一句再见转头就走，像个十恶不赦的混蛋，我听见木木在他身后叫了一句"凌杉海"。但他选择没有回头。

林佳听我说完张牙舞爪地说："其实她还是个女生吧？"

我听得一头雾水，"冷萧你明白吗？我一开始觉得木木的气质像极了一个女人，但她会那么心安理得地问喜欢的男生要一支口红说明她还是一个跟我们一样的女生。"

"这都是些什么乱七八糟的。"我听得莫名其妙，插上耳机听《罗生门》，最近爱极了这首歌。

那动人的时光，不用常回看

我还是打电话给木木了，但我不是想化妆。

学校的志愿者活动，整个高二几乎没人愿意去，现在像我和林佳这样游手好闲的女生已经不多了，他们学习起来是真的可以废寝忘食，于是老师一再强调，这次活动可以领略本科学校的风貌，确实，在我们这所快要连排名都找不到的学校，我眼里的学霸就是本科生。

但是还是没人理会班主任。我跟林佳说："他们怎么都跟范仲淹似的，书里说，范仲淹苦读的数年里，每天只做一份粥，切成四块当四餐，有一天皇上路过他们那里，别人都跑去看皇上，范仲淹说，以后有的是机会看皇上，然后继续在家里苦读。"

林佳说："我饿了，那样的粥听起来很好吃。"

"那我们去喝粥吧。"喝粥前我们跟班主任报了志愿者的名，因为班主任说，去当志愿者的，可以三天不上晚自习。

其实志愿者还是挺轻松的，只要被划分的组的任务不是帮那些清晨四点就起床、就着夜色和车灯扫街的清洁工们扫大街，每三个人一组，我和林佳提着一把巨大无比的扫把等着学长嘴里那个小组长来支援，然后就看到了凌杉海的脸，我和他都略微愣了一下。

林佳不知道，伸出手打招呼，"我叫林佳，她叫冷萧，你叫什么啊？"

然后凌杉海像梦游似的拿过林佳正抱着的扫把，一言不发。林佳纳闷儿地望着我，"他耳朵有问题吗？"我憋笑擅自给他做了个介绍，"他明显是在梦游吧，要不我们去旁边买份早餐？反正他已经主动扛起了重担。"

"冷萧？"我刚准备跨过马路，凌杉海突然喊了我一声，我转头纳闷儿地望着他，"你也没吃早饭？"

"不是。"他慌乱地摇摇头，整个人晃啊晃地晃了许久，我终于忍不住乐了，"我能吃了你吗？你那么紧张干什么。"

我不相信星座书，但我相信天时地利人和，那一瞬间我格外笃定，凌杉海是在犹豫和紧张。果不其然，他慢悠悠从口袋里掏出一支口红，"帮我带给木木可以吗？"

"这种东西挺贵的吧，你怎么不自己给？"

"那次之后我就不和她联系了。"

"那你还给她买支口红天天装兜里？别跟我说你知道我今天会来参加志愿活动，喜欢她就自己告诉她啊。"我第一次见到那么别扭的男生，好笑到让我生气。

我还是给凌杉海买了早饭，然后和林佳一起在边上喊加油，"这是第一条街！""这是第二条街！""好，还剩最后一条街！"

大概是我们的气焰太嚣张，凌杉海在扫到最后的时候把扫帚扔了，"你们怎么不扫？"

"我们要帮你把口红送给木木。"我掏出手机给木木打电话，凌杉海飞快地扫完最后半条街，我和林佳欢天喜地地跑去逛街，顺便把木木约去一家新开的店。

但是木木没有收下口红，她很认真地问我，"凌杉海这样算什么？他不肯接受我，无非是在他眼里我不够好，既然不够好，那么费尽心思送我的礼物，我不要。"

回去的路上我问林佳，"你觉得凌杉海不够喜欢木木吗？每天给她送早餐陪她聊天，明明已经不准备再联系了，还买了一支她想要的口红一直装在口袋里。"

耿耿于我心

我和凌杉海莫名其妙地熟悉了起来，大概是我加上了他的微信告诉他木木收下了那支口红吧，我能看出他特别开心，却打死也问不出他为什么不和木木走在一起。

我和凌杉海认识的第二十天，我收到了一个精致的礼盒，里面有三对亮晶晶的耳钉，我在动态里分享过最喜欢的那家店，每一对都让我爱不释手。林佳坏笑，"你是不是要走桃花运了？"说完又皱着眉头问，"你不会真动心了吧？我有点儿担心你。"

我支吾着说怎么会，可是我也是木木那样的女孩儿，早安午安晚安，就让我足够心动，我一直以为，有人肯为你花费时间，就是对你有在乎的情绪，我在一瞬间有点儿欣喜若狂。

但我跟凌杉海说谢谢他送我的耳钉时，他轻描淡写地说："同学为了凑减价买的，满两百减一百呢，划算。不然我才不会给你买。"我气得不想理他，情绪在心底翻涌，那种感觉好像你一直在安慰自己走下去就是最美妙的天堂，然后走进天堂的时候天堂为你变成了一个脏乱的流放地，你不仅要足够强大的勇气去适应现实，还要分出一大半经历安慰自己心里的落差。

要是换成别人这么和我说话，我肯定会把耳钉砸在他身上，但是对凌杉海，我有点儿舍不得，不只是舍不得心爱的耳钉。

但他就是会打一巴掌给一颗糖，我们相识的第五十二天，凌杉海说："你出来，我请你吃咖喱。"

林佳说："你们差了四岁，他是不是把你当妹妹那样的小女孩儿才这么对你。"我想一想确实觉得他对我有点儿哄小孩儿过家家的味道，于是我第一次为了和一个男生吃饭认真打扮。

我涂了那支被木木拒绝的口红，散下头发，为了配口红我又借了点儿室友的气垫BB，口红是复古正红的，我对着镜子仿佛看见了十年后的自己，干脆喷了点儿安娜苏的少女香水。

我终于明白那天的木木为什么看起来那么成熟，只不过是想做凌杉海眼里那个可以站在他左右的人。

凌杉海见到我的那一瞬间哈哈大笑，"你能去把妆卸掉吗？那么小的女孩儿居然化妆。"

"好。"我默不作声去洗手间，再出来时他终于笑了，"这样好多了，我记得你最喜欢这家店的咖喱鱼丸和咖喱土豆饭。"

"你怎么知道？"

"我想知道就能知道，"看我不满的样子，他补充，"你和室友来的时候有拍照片发在空间里啊。"看啊，他总是给我这么猝不及防的温柔，让我误以为他很在乎我。

回家的路上有个十几岁的大男孩儿在路边弹吉他卖唱，唱的全都是我喜欢的民谣，凌杉海站在路边听，我把口袋里最后的二十元给了那个唱歌的大男孩儿，他冲我笑笑，我惊喜地发现他有酒窝也有耳洞，跑回去冲凌杉海嚷嚷。

凌杉海瞥了我一眼，特别不满，"男生有酒窝娘里娘气的。"

"可是他的耳钉像一枚利箭，特别吸引我啊。"

"嘁，说你是小孩子，就不能成熟一点儿。"凌杉海不高兴了一路，把我送回学校，弄得我郁郁寡欢又莫名其妙，他真是个奇怪的人。林佳看我那副样子，木着一颗八卦的心问了来龙去脉，十分笃定地说："冷萧，他一定喜欢你。"

我突然觉得有点儿疲惫，"像对木木那样吗？我宁愿不要。"

我一直很惊讶电影里那些奋不顾身地喜欢一个人的女生，付出了怎么会不想要回报，不计得失都是自己给自己打气加油的甜言蜜语。

能提取温暖，以后度严寒

林佳说："凌杉海应该会去参加假面舞会，你去不去，我找到了入场券。"

"当然，那我们走吧。"我还是挺喜欢凌杉海的，在我的耐心被耗尽前，他什么样子我都接受，别扭与否、冰冷抑或是温柔。

我真的在卖面具的地方看到了凌杉海，但我最先注意到的是他的耳钉，只有一枚倒映着璀璨的光芒，耳钉后面仔细看还能看出一抹新鲜的红肿，我当即愣在了那里。

我避开凌杉海的视线，悄悄去洗手间换了林佳给我准备的洛丽塔，换了发型和耳钉，戴上一个孔雀紫的面具，出来的时候活动已经开始了，凌杉海早就变装混进了人群里。林佳带着我挤在人群中大喊大叫，直到一杯葡萄味的RIO递到了我手里。

"如果我有喜欢的女生，我什么都会为她做，只要她喜欢。"透过荧光粉粗糙的边缘，我清楚地看到那只晶莹的耳钉，散发着温柔的光芒。

"然后不告诉她？"我压低声音假装成陌生人试探他。

"没必要告诉，该来的总会来。"

我扑哧一声乐了，"你哪里来的自信？从前我喜欢谁，下一秒就忍不住立刻告诉他。"

"一个女生胆子倒是挺大。"

"现在没人知道我是谁，我说什么都可以出尔反尔。"我一直压低了声音说话。

"有意思，你以为每个人都那么笨。"

我的脸瞬间红了。

"学校里有个民谣吧，带你去听。"凌杉海第一次真正牵起我的手，民谣吧里在放赵雷那首《八十年代的歌》，我兴奋地让凌杉海听里面的歌词，仿佛预料到会一语成谶：有没有你还是那个我，有没有你还是一样的过。你一定要像晨曦一样活，不必在意我的哀与乐。

都怪那天的假面舞会太温柔，但我忽视了从始至终他都没有摘下面具。看《V字仇杀队》的时候，只有我一个人在偷玩手机和凌杉海聊天，以至于结尾我还是不能明白，为什么那个女人不揭下自己深爱的人的面具，那时候我不懂的，现在我仍旧不懂。

我跟凌杉海说："其实我有点儿喜欢你。"我说这句话的时候，天气足够明媚，古镇的小道足够安静，聊天的话题想要引出这一句又足够轻巧假装随意。

我在说出口的那一瞬间想大概他不会同意，但是平日里玩笑开得本来就挺多，我以为他会岔开话题，没想到他突然变了脸色，"你今天是不是傻了？"

我尴尬地接不上话，他继续像炮弹似的说："你说有点儿喜欢我？你知道我喜欢什么吗？知道我的生日我的星座我的事情吗？"

"你不说我怎么会知道？"我定定地望着他。

"现在知道该喜欢谁不该喜欢谁了吗？"

一锤定音，我没有像我以为的那样开个玩笑蒙混过关，好像我整个人都是一个玩笑那样，我说："我不觉得什么人该喜欢，什么人又不该喜欢，喜欢就是喜欢。"

"别跟我争论了，你看那里有DIY果茶和花纸的小店。"于是我和凌杉海和谐地跑去那家店，亲密无间的关系需要两个聪明的人来维持，我没感到特别难过，看到凌杉海一如既往的样子长嘘了一口气，我突然发现自己已经不是前两年思慕一个男生就一定要站在他面前，送他礼物和作业答案，然后大大方方告诉他"我喜欢你"的那个女孩儿了。

你一定要像晨曦一样活，不必在意我的哀与乐

我不怕我放在心里的人对我从没有抱有过一丝幻想，但我绝不能接受与他之间无论如何都抹杀不掉的疏离，它们像隐藏的暗箭，刺得人不得不步步后退直到走散。

我和凌杉海彻底闹僵是在林佳去北方看雪的时候，我和他决定去看场电影消磨周末的时光。临走的时候收到阿K的短信，阿K是我一个哥哥，他顺路来我这座小城看我，想到车站离电影院不太远，我就给凌杉海发了条短信，"喂，阿K突然来，要不我再订张电影票吧？记得注意点儿形象。"

"你什么意思？"凌杉海回我的速度快得惊人，带着一种怒气。

我一时语塞，半分钟之后他的短信又顶了进来，"我注不注意形象都无所谓，反正今天你们俩是主角。"

"你发什么神经？"我气结，半小时后和阿K一起到电影院，凌杉海全程阴着脸，阿K尴尬得要命，我也不知道该说些什么缓解气氛，电影开场二十分钟后，我用不大不小的声音跟阿K说："是不是不好看？你难得来一趟，要不我带你去逛逛吧。"

我避开凌杉海的眼神，那一瞬间我竟然很怕他，凌杉海一把拽住了我，"你今天走，我们就再也不要见了。"

我挣开他的手转身拉着阿K就走，阿K在后面不停地问："真的没事吗？"

我摸了一下脸才发现自己哭了，哭得莫名其妙，像认识凌杉海一样莫名其妙，也像他这个人一样莫名其妙。我跟阿K说我需要一杯甜点缓和心情，于是我得到了一杯杧果奶茶和一块彩虹正方，甜到心里。

我再也不想回到凌杉海身旁了。我不是在一瞬间放下了他，而是喜欢一个人需要勇气，走那十分钟脚步沉重得像走了一天一夜的路去他身旁，我宁愿花一个小时和友人唱歌吃甜点让时间短得像一秒。

凌杉海回去后给我发了三十七条消息，分三天发完，我每次看到消息的那一瞬间就立刻把手机关机，长痛不如短痛。我把那些耳钉和口红扔进了楼下正缓缓驶走的垃圾车里，然后难受得吃不下饭，再然后胃口又重新放开。

我读到了一段话，人与人的缘分大概如此，从获知你的名字开始，对你产生好奇，由此而生的贪心，想与你产生更多的羁绊，多数时候却也只能放下你。

林佳说："我还是觉得他对你至少有感觉，但他这个人实在是太奇怪了，你说他是不是极度自卑啊？"

"每个人都自卑。"我确实没办法很喜欢他，也没办法不喜欢他，也知道在放下他之前没办法再有新的人走进来。

凌杉海，我这样一个心里藏不住事又直接的女生，喜欢一个人最大的付出就是守口如瓶吧，感觉到我对你的可有可无，然后心甘情愿站在你左右，陪你谈天。

所以你凭什么还要要求我知道你最喜欢的菜和最喜欢的歌是什么啊？

但我仍旧心存希冀，倘若有天你真正站在我面前来找我，就像你说过的，该来的，总会到来。

躲在葵花园里的夏天

在坏的时光里放声歌唱

鹿　眠

　　我家后面是一所中学，在我家阳台上可以看到他们的足球场。我无聊的时候经常在阳台上站着看他们踢足球，偶尔也会看到一男一女羞涩地在围墙边上的玉兰树下，隔着老远都能闻到甜软的味道。我偶尔也会像个年过半百的老人一样怀念一会儿我的初中，还有那段时光里出现的现在已经走散的人。

　　我就是在一个很暖的黄昏里遇见L的，不，准确地说，是听到他唱歌。他在玉兰树下撕开嗓子唱林宥嘉的《残酷月光》。

　　那是我听过现实生活中唱这首歌唱得最好的，他像是用尽浑身力气去唱这首歌，每个音符都饱含深情，像是要把一个动人的故事融进这首歌里。

　　一直到他唱完，我才在楼上喊他："喂！那个唱《残酷月光》的男生，唱得不错啊！"

他闻声从玉兰树下走出来，仰着头，望着在三楼阳台的我，一脸无辜样，西斜的暖阳毫不吝啬地把金色的光辉分给他，他浑身上下都是金色的，像个从玉兰树下偷跑出来的小精灵。

他望着我，傻乎乎地笑，"谢谢啊，你哪个初中的啊？"

"我高二了。"我顿了顿，"我看起来有那么像初中生吗？"

他歪了歪脑袋，认真地说："有。"

我刚想反驳这个臭小子，结果他扬了扬左手上的手表，冲我喊："学姐学姐！我们快要上课了，我先撤了哈！"说罢他大步跑往教室方向，脚还没踏出几步，又扭回头来喊："喂学姐！我叫L！"

"鹿眠！"我挥挥手，算是对他说再见。

后来我们互相加了对方QQ，我偶尔也会在QQ上和这个刚读初三的小男生聊天。

L说，他爸就是音乐老师，L先生遗传了他爸的优良基因的同时也遗传了他爸的爱好。或许是太了解学音乐的艰辛，L的爸爸打死都不让L选择音乐这条路。

L还给我晒了他小学到初中参加的各项音乐比赛的奖状奖杯，甚至还嘚瑟地给我看他们班小女生写给他的情书。

有一次L和他爸爸吵架来找我诉苦，他抱怨说："我就要唱歌啊他凭什么不让我唱歌，谁规定的处在变声期的男生不可以唱歌。"我盯着手机屏幕上L发过来的一大段话，突然不知道说什么，只能回他一个拥抱。

我不能说谁对谁错，也很怕我的一句错话导致不可挽回的后果，我没有权利去指引别人的未来，我相信所有的父母都是为孩子好，也希望所有的孩子能把自已喜欢的事物，划进自己的未来。

所以，L，在这里跟你说声抱歉，我在你找我诉苦希望我支持你的时候选择了保持沉默，连一句安慰的话都没有留给你。

我跟L的革命友谊还在于他们初三补课时我经常从阳台给他丢零食，有时候是薯片，有时候是火腿肠……

他每次接到零食都向我的方向拱手，像个江湖侠士一样大喊："学姐谢谢啊！今日薯片之恩，来日必定相报！"

我知道L想考S高中，我们这里想学音乐的孩子都千方百计要挤进S高中，就像处于高三的学子想挤进985和211高校一样。要想考进985和211高校要付出多少只有拿到录取通知书的人才知道，L凭一副嗓子想进高手云集的S高中要付出多少也只有他自己知道。

我知道其实学艺术的孩子都很累，有人受不了了中途要退出，有人甘愿忍受痛苦，最后就算结局不那么美好至少能理直气壮地拍拍胸脯告诉自己你尽力了你很棒。

L是个很努力的孩子，曾经好几次连续练声几个小时不休息，练声练到嗓子哑是常有的事，好几个黄昏我站在阳台看玉兰树下的他指手画脚地跟我打招呼，样子滑稽得像个马戏团里的小丑，可是我却一点儿都笑不出来。夕阳的余晖轻轻把这个瘦弱的男孩儿抱在怀里，他的皮肤像是会发光，就好像童话里不谙世事的王子，不沾一点儿人间烟火。

我们相隔不到二十米，却要用社交软件交流。

他说："鹿眠姐我不想唱了，我很累嗓子痛得要死。"

他说："我根本没有天赋，大家说我唱得好不过是给我当音乐老师的爸爸面子。"

他说："我们坏脾气的老师把我的五线谱狠狠地甩在墙上，说我怎么唱都唱不好，简直就是废物。"

他说："我爸说除非我能考上S中，不然别想唱歌。"

他说……

我看着手机屏幕亮起来又暗下去，担忧地看了一眼在玉兰树下低头打字的少年，他时不时抬手在脸上抹几下。

天气太热了，在室外站一会儿都让人大汗淋漓。

我实在不是会安慰人的主儿，只能打开手机音乐播放器，把手机调到最大声，在列表里找到林宥嘉的《残酷月光》，点下播放键。

没有梦想，何必远方。

L，千万不要放弃啊，其实时光也是分好坏的，你只不过恰好在坏的时光里歌唱罢了。

后来我有很长一段时间没有见过L，他的QQ也一直处于离线状态。后来L告诉我那一个多月他住院了，左手骨折。但至今他都不肯告诉我到底是因为什么事骨折的，我问起时，他总是故作矫情地回答我："不加疼痛的音乐不是好音乐，没有受伤过怎么配得起音乐的沉重？"

他说这个话时我正吃青柠味的薯片，差点儿把我噎个半死，到现在我都还记得喉咙里都是青柠味的怪异感受。我恶狠狠地瞪着他，质问他一个好好的新时代上进青年为什么要去抢鸡汤段子手的饭碗。他傲娇，没有理我，拽了拽大大的吉他包，转身走掉了。

有那么一瞬间，我看着他的背影，觉得下一秒他就会背着他的吉他，带着音乐，浪迹天涯。

L中考的时候我已经半只脚踏进高三的大门，系统的复习让我忙到无暇顾及其他。好不容易等来一个双休喘口气，恰巧又赶上了L他们的毕业晚会。

晚会在星期六晚举行，星期六一大早我家门铃就像疯了一样急促地一下接着一下不停地响，我抓狂地跑下床去开门，刚开始我还以为又是楼下调皮的小弟弟捣乱，心烦意乱，刚想骂人，却看见门边上有一大袋零食。送零食的人只留下一串下楼的脚步声。

零食袋里全是薯片，各种牌子各种味道，应有尽有。躺在大大的白色袋子里，像草长莺飞里争妍斗艳的百花。

L那天晒出一张他们毕业晚会的节目单，我看到第十一个节目是歌曲《突然想起你》，表演者一栏写着L的名字。

那天晚上我打着毕业生的旗号偷偷溜进他们学校。晚会进行得很顺利，L那天穿了件白色衬衫，在舞台上像个高洁的天使，边唱边跳，惹的舞台下的妹子们连连尖叫。

身边的一个不认识的妹子一直花痴状，啊啊啊地尖叫着跟她小伙伴说你好帅，歌唱得好，舞也跳得不错。

我在她身边胆战心惊，注意力一直在他不断甩动的前些日子骨折过的左手上，我不知道他骨折的原因是不是因为练舞。

周围的妹子奋力甩着手里的荧光棒，我望着四周在黑夜里飞舞的荧光棒，觉得自己被卷入了满天星辰，又像是置身于萤火虫的森林里。

我想，在舞台上的L，应该会看到更美的风景。

突然想到大冰在《乖，摸摸头》一书里写过的一句：

怎么办，青海青？

舞台上有你乱放的歌唱，

人世间有我用坏的时光。

呐，少年，请一直这样，放声歌唱！

L挥舞着S高中的录取通知书时，我的高三生涯刚刚开始，无力、疲惫、紧张等等的坏情绪时时刻刻冲击着我，我无数次想把印着高考总复习字样的厚厚一本习题扔掉，再冲着封面大大的几个字——高考总复习骂一句滚粗。

我向L发牢骚的时候，他突然来了一句："鹿眠姐，你现在是在坏的时光里学习。"

我笑，没想到他还记得这句。

"你已经在好的时光里唱歌了？"

他摇摇头，眼里却满是坚定。

"我还在坏的时光里唱歌呢。"

我看着西边散发着温柔暖色的太阳，脑海里那个在玉兰树下认真唱歌的少年蹦出来，我用手肘捅捅L，"唱首《残酷月光》听听，让姐看看你的唱功有没有长进。"

L轻声唱起来，比第一次我听他唱的时候好听百倍。远方的夕阳伴着歌声缓缓沉下，我知道它将面对的，是漫长的寂静无声的黑夜，还有破晓。

L好听的声音伴着《残酷月光》的曲调融化在黄昏里，其中一句歌词L唱得特别清楚：

没有梦想，何必远方。

誓言已随流年去，友情不在西安城

艾 科

1

学校机器人社团赴京参赛，勇夺全国桂冠的新闻，传遍了校园的角角落落，庆贺的条幅和闪亮的电子屏表彰信息随处可见，宣传栏里的明显位置张贴着比赛海报，海报上的机器人社团成员个个神采奕奕。刘子瑶静静地站在海报跟前，掰着指头从左至右默数着照片上的成员名单——尹邦杰、刘时充、强昊、彭展涛……

呀，原来团队中那个最高最帅的男生，名叫刘时充啊。刘子瑶暗暗发誓，等下学年社团招新时，她一定要加入机器人社团，和刘时充这些少年科技达人们团结协作，继续在重大赛场上彰显风采。

于是，为了普及科技知识，营造科研氛围，更为加入社团奠定基础，刘子瑶开始利用课余时间泡图书馆，强迫自己阅读《科幻世界》《少儿科技》《科技日报》《大科技》……除此之外，她也开始关注刘时充的一举一动，并默默地在日记本上做着详细记录：刘时充，江湖绰号充哥，身高一米八，样貌端庄，外表冷厉，每周一三五放学会约同学打球……

虽然同为刘家子弟，但要想合理地与刘时充搭讪，对刘子瑶来说也是难上加难。她所在的十班，与刘时充所在的九班仅仅一墙之隔，但却像隔着千山万水，每天上学放学以及下课，她都会目不转睛地看着刘时充高大俊朗的身姿，从十班窗外一闪而过。他身边总是不乏朋友，不缺快乐，与他一起谋事，抑或玩耍，肯定倍感幸福。

但是，没人知道刘子瑶青春静谧的少女心思，更没人理解，一个文弱平淡的女生，每天跑到图书馆，捧着枯燥晦涩的科技类报刊躲在拐角里静静阅读的缘由，她为何要这般"自讨苦吃"呢？但信念笃定的刘子瑶，对所有猜疑的目光都置之不理，一个人向着心仪的目标奔跑，激情满怀，乐此不疲。

2

时光飞短，流萤如线。终于熬完了孤寂漫长的高一时光，真不知道，如果不是每天都能看着刘时充燕子一般从教室窗外一闪而过，刘子瑶真不知道自己仅靠科技读物的陪伴，能不能熬过这寂漫的岁月。有时候，她也想像其他女生一样，每天捧着八卦杂志天南海北地臆想、争辩、夸赞、怀春，但她又坚信每一个成功者，都必须忍受时间的煎熬和失败的磨砺，她不想功亏一篑，一事无成。

高二开学的第二周，各个社团开始排兵布阵，招纳新人，刘子瑶的春天就要来临。

那天，她特意穿了件较为成熟的学生套装，抱着自己精心设计的简历，欣然走到机器人社团的招新现场。接待她的，恰是获过全国大奖的刘时充。她粲然一笑，递出简历，等待对方破格录用。

"很抱歉，招新招新，顾名思义，我们一般只招高一新生，你已经升入高二了，所以……"一脸期待的刘子瑶，万万没有想到，苦苦等来的第一句话，竟是刘时充脱口而出的严词拒绝。

"那个，请你再看一下我的简历，我对机器人情有独钟，你们可以不拘一格'收'人才嘛。再者说了，只要是刚刚加入社团的人，都是新人啊，怎能以年级设置门槛？这样太不公平，也太不科学了。"为了加入社团，刘子瑶绞尽脑汁，高谈雄辩。

见来者不善，刘时充抬起头来，目光里的两汪清泉，将刘子瑶胸腔里熊熊燃烧的怒火骤然浇灭，"你在科技刊物上发表了不少文章，的确是难得的才女啊，那为什么不去文学社呢？那里应该更适合你。"

刘时充不近人情的理由，让刘子瑶再度怒火中烧，她为了能够加入机器人社团，整个高一学年都在恶补科技知识，一年的辛劳，换来的却是冷冷的拒绝。她不愿再跟刘时充废话，拍案而起道："你又不是社长，说了不算，我请求面见社长！"刘子瑶的怒吼，将呆萌纯真的刘时充吓得几乎从椅子上跌落下来，旁边那些因为招新而忙得热火朝天的学生，看着这位"应试者"比"面试者"还霸气冲天的场景，个个目瞪口呆，噤若寒蝉。

为了缓解眼前的尴尬，刘时充定了定神说："这样吧，你的简历我会送给社长看，最终结果会通知你的。"

刘子瑶丢下简历一跃而起，离开前扔下最后一句话："上天言好事，回宫降吉祥。我希望等来的，是佳音，而不是失望。"

3

一周之后，刘时充在学校走廊里拦住刘子瑶："对不起，你最终没有通过审核，社长听说你脾气火爆，让我亲自过来向你道歉，谢谢你对机器人社团的关注，我们成不了队友，可以做朋友嘛。"

闻听此言，刘子瑶几近失控："哪个要和你做朋友了？肯定是你从中作梗，添油加醋地抹黑我，不然我加入社团是顺理成章的事情。你知道我为此做了多少努力吗？你们扼杀了我的科学梦！"

见刘子瑶哭成了泪人儿，刘时充不知如何是好。他说要不我请你吃饭将功折罪吧，或者你最想要什么礼物，若是在我能力范围之内，我都可以满足你。

刘子瑶哭得越发梨花带雨了："我啥都不要，就要加入机器人社团！你们这是明目张胆的歧视，赤裸裸的歧视！"

不管如何哭闹，不能入社已成既定事实，刘子瑶擦干最后一滴眼泪，将所有的精力都投入到学习和写作之中。渐渐地，她发表的科幻文章遍地开花，杂志还邀其作为特约作者，对她进行了专访。久而久之，她名声大噪，各大科技类媒体纷纷向她约稿，采访报道的文章亦是层出不穷。刘子瑶曾在一篇采访她的文章中提到，她要做刘慈欣那样的科幻作家，甚至有超越他的雄心壮志。

为了表扬这位给学校带来美誉的才女，学校语文教研组特意为刘子瑶举办了作品恳谈会，关于她的宣传报道和采访照片，一样出现在了学校宣传栏里，很多学生驻足观看，夸赞连连，声势不逊于机器人社团当年获奖的盛况。

那天，刘时充走到刘子瑶跟前说："看来我所料不错，你的真正特长不是科研，而是写作，恭喜你啊。"

刘子瑶不以为然："那还不是拜你所赐？我要让你们

知道，你们拒绝的，不仅是一个未来的科学大家，更是一个科幻作家，让你们后悔去吧！"

面对刘子瑶的蛮横跋扈，刘时充并不放在心上："其实我真的特别想和你成为无话不谈的朋友。我们机器人社团的几个成员，都相约报考西安的大学，你有兴趣一起去吗？那里的美食和历史底蕴，都让人欲罢不能。"

刘子瑶哼了一声，没有理会，背着书包往家走去。

4

高二那年暑假，刘子瑶利用写作赚来的稿费，报了去西安游玩的旅行团。她虽然嘴上对刘时充所说的西安不屑一顾，但是那股萌生在内心深处的科技情愫，依然不能自拔。她要去看看科学牛人心向往之的西安城，究竟是一派什么景象。如若所言非虚，说不定，将来她也会报考这里的大学呢。

火车在宁西线上行驶了一夜之后，终于抵达了古城西安，在古色古香的西安城里，刘子瑶感觉像是进入了繁盛富庶的古代。

在去往大雁塔的路上，刘子瑶开始目不暇接，西安街道两边的建筑厚重古朴，金发碧眼的老外比比皆是。汽车在绿荫环绕的雁塔北路上行驶，她沿路看到了古朴悠远的长安大学、西安建筑大学、西安科技大学的风姿，虽然有的已经成为人气寡淡的老校区，但是那股气韵，始终环绕在心。

游完大雁塔，她特意向导游申请自由活动，独自去西安建筑大学参观了一番。一进酷似古城城楼的学校大门，就被一片鳞次栉比的繁茂绿树深深吸引。林木多是校友捐助，林间情侣你侬我侬，想着一年后的初秋，自己也能在树林里漫步读书，该是何等惬意！此时此刻，刘子瑶萌生了报考西安的大学的冲动。

按照刘时充的介绍，刘子瑶先后游览了大雁塔、古城墙、回民街、兵马俑和秦始皇陵，相比之下，顿觉自己生活的城市是如此年轻单薄，就像她对科技的梦想，仅凭几篇小文和微不足道的科技知识，就想当然地加入机器人社团，真是可笑至极啊。

高三开学，刘子瑶一改飘飘然的傲娇姿态，看到刘时充也不再恶言相向，而是变了个人似的，安然静默地读书学习，她感觉自己即便昼夜不停地用知识丰盈自己，也不及西安古城墙上，那一砖一瓦的历史深厚悠远。

对待某一事物的钟爱，不能源于一时兴起，而要发自内心痴迷，细水长流才更深入人心。就像，刘时充对机器人敲骨吸髓般的喜爱；而自己，只不过是为了心理上的满足，以及能够和刘时充"在一起"的虚荣而已。

5

　　转眼高考结束，很多人都在谈论填报志愿的话题，唯独刘子瑶不疾不徐。

　　那天，刘时充从班主任办公室出来，正好与刘子瑶撞个满怀，面对昔日被自己"拒之门外"的女生，他面红耳赤道："对不起，我们刚刚填好了志愿，机器人社团的几个男生，填报的都是西安科技大学，你也加入我们吧，到了大学，我们都以新人的身份，加入同一个社团，成为队友，比赛杀敌。"

　　刘子瑶微微一笑："我怕到时候再度被哪个素未谋面的学长，以各种莫须有的理由，将我拒之门外。即便我再优秀，也需要有高人慧眼识珠，而不是硬生生地逼迫我明珠暗投，以致前程尽毁，遗憾终生。"

　　一句话，令刘时充无地自容："你真小肚鸡肠，到现在还记仇呢？那次我真的没在社长面前煽风点火，更没说你坏话。"

　　"我心中早已没有怨恨，只有鞭策驱赶的动力，究竟报不报西安的大学，我会认真思量的。"刘子瑶笑嘻嘻地话刚说完，便走进计算机教室，全部填报了南方的大学。她走出教室的时候，顿觉身轻如燕，健步如飞。

　　誓言已随流年去，友情不在西安城。虽然不能在西安求学，但是毕竟，她曾去历经过西安的风情，并能想象得到，自己曾经崇拜的男生，究竟会在西安，如何生活的情景。是不是每天吃着裤带面，面里放了很多辣子，然后对面坐着情意绵绵的女友，两个人在西安古城谈论科研呢？

恰在此时，学校对面的音像店里，传来民谣歌手赵雷的新曲：停留在树梢的鸟儿，穿过了四季去山林，把我的时间交给你，让我来代替你去飞行。可悲的人有太多挂念，遗憾我不能与你同行，生命是开花结果凋零，墓碑下的人才彻底平静。路灯下的脚步依然匆匆，趁着人们都沉睡就上路，不必留下太多的话语，曾相聚就不枉此行……

星空下的玻璃鞋

闻人晴

1

对我来说，欧悦然是青梅竹马，也是最重要的朋友。

虽然我们十几年来一直都在一起，可是我们俩却完全不同。从小学开始，欧悦然就很受欢迎，无论是在男生还是女生中都很有人气，而我尽管每天都跟在他的身边，却从没有人注意到我的存在。

在学校，我的存在感几乎为零，就连喜欢欧悦然的女生都不会对我这个"跟屁虫"表示出敌意，因为我对她们丝毫构不成威胁。

令我感到欣慰的是，欧悦然虽然常常嫌我烦人，却没有一次真正地丢下我不管。所以，就算所有的人都看不见我也没有关系，只要能跟在欧悦然的身边，对我来说就是最大的幸福了。

我以为这么多年的感情，至少对欧悦然来说我有一点点是特别的，所以当我意识到欧悦然即将被足球社的经理人——我们学校的校花廖莎莎抢走的时候，果断地采取了行动。

"欧悦然最讨厌运动了，所以你们足球社的人不要再来打扰他了好吗？"趁着欧悦然上厕所的时候，我义正词严地拒绝了廖莎莎。

廖莎莎轻蔑地瞥了我一眼，不屑道："你是哪位啊？欧悦然的事什么时候轮到你来插嘴了？"

"我就是做得了主！"我气愤大吼道。

没错，我忌惮的并不是足球社，而是廖莎莎。由于欧悦然在体育课上出色的表现被足球社相中，至今为止已经派了好几个人来邀请他了。只是没想到这次会用美人计，像是廖莎莎这种校花级的美人，我真是怕欧悦然会禁不住诱惑。

"你在门口站着干吗？"不知何时欧悦然已经走到了我的身后，他侧身看了一眼我面前的廖莎莎，眼底是显而易见的惊艳。

廖莎莎立刻摆出一副温柔可人的样子，说道："我是足球社的经理人廖莎莎，欧悦然同学你有兴趣加入足球社吗？"

我紧张地盯着欧悦然，希望他能像往常一样毫不犹豫地拒绝。然而，他皱着眉头看了廖莎莎好一会儿，疑惑地问道："我怎么没听说足球社有个美女经理人呢？"

廖莎莎害羞一笑，道："其实我是昨天才加入足球社的，被我表哥硬拉进去的。"

"好吧，看在你的面子上我就答应了吧，反正放学以后我也没有别的安排。"

像欧悦然这样主动向女生示好还是第一次，我心里产生了巨大的危机感，连忙阻止道："等等！你不是讨厌踢足球吗？干吗要勉强自己答应？"

"我不讨厌啊，之前只是觉得社团麻烦而已。"

"那我怎么办？"我还在做最后的垂死挣扎。

"没事干的话就回家呗，你也没必要每天缠着我吧？"欧悦然开始感到不耐烦了。

这时廖莎莎突然挤到了我和欧悦然中间，对欧悦然说道："那你跟我来办一下入社手续吧！"

于是，看着并肩远走的两个人，我突然意识到，只有像欧悦然一样耀眼的人，才有资格站在他身边。我这种不起眼的人不管认识他多久，都只能跟在他的身后。

尽管如此我还是在祈祷，无论如何，请不要把他从我的身边抢走。因为看得见我的人，就只有欧悦然一个。

2

欧悦然和廖莎莎的关系越来越好，所以他的身边再也没有了我的位置。唯一一个看得见我的人，也被人抢走了。

放学后我不想回家，一个人在马路上闲逛。来来往往的人群在街上川流不息，我却形单影只。不管走到哪儿，我都与热闹的气氛格格不入。

忽然，一家华丽的理发店映入眼帘，牌匾上"玻璃鞋"三个大字在阳光的照耀下晶莹剔透，宛如真的水晶一般。

我鼓足勇气推开店门走了进去，店里装修得十分梦幻，很有童话的风格。这时一个又高又帅的男生从紫水晶门帘后走了出来，说道："不好意思，我们这里还没有正式开业。"

"……"我欲哭无泪，有生以来第一次鼓起勇气进了理发店，结果人家还不给我剪头。我失望地转身准备离开，他却突然叫住了我，"等一下！我不是专业的发型师，但如果你信得过我的话，我可以试一试。"

我看着他真诚的双眼，坐到了座位上。镜子里我的脸被厚重的刘海儿挡住了大半，几乎看不清我的样子。

他站在我身后，用夹子把我的刘海儿夹上去后，露出了久违的面庞以及右脸颊上如同弯月般的一大长条墨蓝色胎记。

这就是我自卑的源头，恐怖又恶心的胎记从眼角处蜿蜒而下，一直到腮部。从小就被小朋友们嘲笑、排斥，只有欧悦然不嫌弃我，愿意继续和我一起玩儿。后来我长大懂事了，就用头发遮住了这丑陋的胎记。

一直以来我都是个矛盾的集合体，一面怕受到别人的关注，一面又期望有人能看到自己。

那个男生看见我的胎记也吃了一惊，但他并没有露出厌恶或是恐惧的神色，只是微微一笑，道："难怪你要用头发把脸挡住，但我觉得这胎记那么有个性，露出来会比较好哦！"

"开什么玩笑？会把人吓死的。"我闷闷地说道。

"不会的，相信我。"

我看着镜子里他漂亮的双眼，突然感到一阵安心，不自觉地点了点头。

几十分钟后，我从玻璃鞋走出来的时候焕然一新。头发被修剪得很漂亮，脸上的胎记被他添了几笔，变成了好看又妖娆的花纹。我就好像被施了魔法的灰姑娘，一下子变得耀眼起来。

路人频频朝我投射目光，让我觉得十分不适应。但是若这样一张脸能让欧悦然回到我身边的话，就算被再多的人注视我也能忍受。

变漂亮之后我想第一时间给欧悦然看，想到这个时间足球社的活动还没结束，我决定去学校找他。

操场上并没有发现欧悦然的身影，我来到了足球社的休息室，刚要敲门便听见了廖莎莎的声音。

"对了，那天那个女生跟你是什么关系啊？你们以前好像总黏在一起。"

"你说洛小凡？她啊，成天就喜欢缠着我，撵都撵不走。"

欧悦然不屑的声音像把重锤砸在了我的心里，我一时间有些恍惚。原来一直以来觉得他对我很温柔，我对他来说是特别的都是我在自作多情，虽然有时候他会对我露出不耐烦的表情，但我从没想过他会这么讨厌我。

忽然门打开了，廖莎莎看到我一愣，问道："你是谁？"

我在欧悦然看到我之前就转身逃走了。

3

我以为我脸上的胎记会成为班里的焦点话题，谁知半路杀出个程咬金，一下子吸引走了所有人的目光。最不可思议的是，新转学来的那个人，就是那天给我剪头发的人！

他叫袁若曦，不仅容貌俊美，举手投足间更是散发出一股迷人的气质，像是现实生活中的王子殿下，和欧悦然那种阳光运动类型的男生正好完全相反。

我一阵失落，就连露出脸上的胎记都得不到别人的注意，难道我真的被施了什么邪恶的魔法变成透明的了吗？

袁若曦走到我跟前，在全班同学的注视下俯身凑近我的脸，声音不高不低刚好能让全班同学听到："终于找到你了，那天忘了问你是哪个学校的，害我找了这么长时间。"

这下女生们仿佛终于意识到了我的存在，纷纷朝我投来了羡慕嫉妒的目光。我终于明白为什么我一直在欧悦然身边都没有人在意我了，因为欧悦然对我的态度令她们完全放心。

想起那天欧悦然说的话我又忍不住一阵心酸，此时欧悦然应该也像大家一样看着我和袁若曦吧？

托袁若曦的福，大家终于意识到了我的变化。

"那个人真的是洛小凡吗？原来她长这个样子啊？"

"其实挺漂亮的，就是她脸上黑乎乎的一片是什么？"

听到这样的话，小时候被嘲笑的记忆又从脑海中翻滚出来——丑八怪！妖怪！会传染的，大家都离她远点儿！

我紧张地屏住呼吸，生怕再次听到类似的话语。然而——

"好像是什么花纹，感觉很酷啊！"

"该不会是故意画上去的吧？"

我难以置信地睁开眼睛，发现大家并不像我想的那样露出厌恶和嘲讽的表情。袁若曦冲我眨了眨眼睛，偷偷地竖起了大拇指。

下课后欧悦然一脸严肃地朝我走来，皱眉问道："小凡，你怎么不跟我商量一声就把头发剪了？还有那个转校生是怎么回事？"

我撇过头不看他，赌气道："我为什么要跟你商量？你只要和廖莎莎搞好关系就好了。"

"你以为我是在担心谁？小时候被人欺负的事情你都忘了吗？刚才快要吓死我了你知道吗？万一他们说些伤人的话伤心的还不是你自己！"他气冲冲地说道。

我看着他脸上生气加担忧的表情并不像骗人的，虽然他和廖莎莎说了那样的话，但是这些年他一直没有丢下过我，而且在所有人都嫌弃我时也只有他一直陪在我身边。

突然我十分自责，怎么能因为一句话就否认了欧悦然为我做的一切呢？就算有一天欧悦然真的不理我了，我也没有理由责怪他，毕竟他陪伴我那么多年谁也否认不了。

学前班的时候我被全班同学排斥，只有欧悦然跟我玩儿，所以欧悦然和我一起被孤立了。从那时起，我就知道自己是个麻烦，于是留了长长的刘海儿遮住整张脸，变成了一个透明人。

4

就这样，我和欧悦然和好了。我也能感受到他比之前更加重视我了，这一切都要归功于给我施了魔法的袁若曦。

我去向袁若曦道谢，他笑了笑，说道："其实最开始我没打算帮你剪头发，但是你一副快要哭出来的表情，我就没办法了。"

那时我快要哭出来了吗？我只是觉得很失望而已，可是我的脸都被头发遮住了他怎么会看得到我的表情？

"想要幸福，首先要重视自己。就像在你眼中丑陋的想要藏起来的胎记，在我看来却很漂亮。美丽的外表纵然会带给人自信，但更重要的是你的内心。"

他说的话太高深，我不明所以地眨了眨眼，有些理解不上去。

放学后我陪欧悦然去参加社团活动，又碰见了廖莎莎。她惊讶地看着我，说道："原来那天在门外的人是你？"

我不服气地点了点头，说道："是我，怎么了？"

她盯着我看了好一会儿，冷哼一声道："以为在脸上画个花纹哗众取宠就能引人注目了？真是丑人多作怪！"

"廖莎莎！你闭嘴！"欧悦然气愤地呵斥道。

没想到欧悦然会为了我而冲廖莎莎发火，一时间感动得落下泪来。正当我想要说出感谢的话时，欧悦然突然叹息一声，说道："小凡，你还是把胎记遮起来吧。"

这句话仿佛一道晴天霹雳，使我感动的心情顿时消失得无影无踪。我震惊地看着他，难道他是嫌我给他丢人了吗？

虽然过去我常常被这样的话刺伤，但是现在，我想要正视自己，想让自己的面容坦然地接受所有人的目光，不管是欣赏还是鄙视。可是为什么，在我下定决心的时候，欧悦然要跟我唱反调呢？

"我不想再让你听到这样的话了。"

"是吗？"袁若曦冷淡的声音从我的身后传了过来。他走到我面前，对欧悦然说道："难怪你陪在她身边这么多年她还是那么自卑。你这样是在帮她吗？让她把脸遮起来最初也是你的提议吧？就算你的出发点是想保护她，但是连唯一的朋友都不想看到她的脸，潜台词不就是说她的脸很恐怖吗？"

欧悦然被他说得哑口无言，涨红了脸反驳道："我才没像你说的那样想！"

"你根本就没站在她的位置上考虑过，之所以留在她身边，也只是为了完成'我是好人'的自我满足感吧？如果你真的为她着想，就应该告诉她不要在意别人的眼光，你有就会夸赞她给她自信，而不是一味地让她隐藏！"

"你少站着说话不腰疼了！你有被所有人指着鼻子骂是丑八怪吗？你知道被同学欺负到不敢去学校是什么感受吗？只有把胎记藏起来，小凡才能过正常人的生活！"

"所谓的正常就是没有人注意到她的存在吗？"

他们你一言我一语地争吵着，完全忘记了我这个当事人的存在。我忍无可忍地大吼道："都别吵了！"

的确最开始欧悦然跟廖莎莎走得近的时候我埋怨过，但是现在，不管袁若曦说什么，欧悦然是以什么样的心情帮助我的，我都不会责怪他。

"欧悦然没有做错什么，他都是为了帮我。最终做选择的人也是我，所以你别这么说他。"我对袁若曦说道："但是我要谢谢你，让我明白了这个道理。重要的不是外表，而是内心。"

没错，同样是那块丑陋的胎记，袁若曦稍微点缀了几笔就变成了美丽的花纹。就像施给灰姑娘的魔法，虽然一到午夜灰姑娘身上的魔法就会消失，但玻璃鞋却只有灰姑娘穿得上。

而袁若曦给我的勇气就像那双玻璃鞋，无论别人怎样评价我的容貌，我都能更加坦然地面对自己，不胆怯也不退却，去寻求属于自己的幸福。

躲在葵花园里的夏天

果 舒

1

听见从外面传来呼喊声的时候，三草正坐在屋子后面的院子里，躺在陈旧的摇椅上拿着手机玩游戏。一放暑假，她就被她那狠心的爸妈丢到这基础设施严重落后的乡下来了，美其名曰让她放松身心亲近大自然。亲近个头啊，她压根儿就不在乎这些好吗？再说了，这乡下信号差得不得了，打个电话还会经常遭遇断线，这让她一个网络宅怎么过嘛？唯一值得庆幸的是，乡下是最疼爱她的姥姥的家，趁着假期有空儿能多陪陪老人也挺好的，以后又要上学读书忙起来就不怎么能见到面了。这么一想，心情瞬间明朗起来，而且，姥姥的厨艺是村中一绝，每天的三餐都是一场幸福的盛宴啊！

哦，还有，姥姥屋了后面有一个大院子，里面种满了美丽的向日葵，如今又值盛季，那般良好长势的葵花园又该是哪般盛景啊！炎炎夏日的午后，三草躺在屋后的摇椅上，屋子的阴影和屋旁的大树为其贡献一片阴凉，面朝着偌大的葵花园，舒适地玩手机的间隙欣赏眼前的美景。在太阳强烈光线的照射下，一株株草木不仅没被那傲人的气势压倒萎靡不振，反而都挺直了腰板儿，精神抖擞，一片生机勃勃，仿佛在向太阳展示自己的英姿气概。草木葱茏，绿色主宰世界，那大片大片颜色堪比金乌的向日葵在绿浪中夺目耀眼，在风中不停摇曳。

三草以为是姥姥回来了，急忙起身趿着拖鞋就跑了出去，但很遗憾，来人并不是她最亲爱的姥姥，而是一个和自己年龄差不多的少年。少年穿着一件白色的数字T恤，下身是牛仔五分裤，加上那一身健康天然的小麦色皮肤，再看这精致的五官，哇——三草表示，还没在乡里见过这么俊俏的少年呢！

"你就是葵花奶奶的外孙女三草吧？"少年的声音沙哑，一听就是在变声期中，一下子就把三草从幻想中拉回了现实。"没想到你竟然是个小四眼儿啊！"少年说着自己哈哈大笑起来，他笑起来可真好看，但被少年一句话彻底从现实中激醒过来的三草可无心欣赏这些，她顿时觉得眼前这花瓶般的少年简直是糟糕透了。短短几分钟里，她已经充分见识了他那令人无法忍受的缺点！比如没有礼貌，再比如公鸭嗓！

"比起你的公鸭嗓，我自愧不如！"三草当即选择用最直接的方式反驳回去。所以说不要轻易得罪水瓶座，这是最睚眦必报的星座。

少年一听立即涨红了脸。他明明没有那种讽刺的意思，就是开个玩笑而已，却没想到三草反应那么大，还……还说出这么过分的话！

"这是葵花奶奶让我带给你的，再见！"少年显然已经不想再与三草多做交流，把手中的一篮子东西塞到三草手中，就转身走了。

切！说不过就逃跑？真是个花瓶！三草心中暗暗得意。

少年一走，姥姥就回来了。看着外孙女拿着熟悉的篮子站在门口，姥姥瞬间就领会了意思，"是安时那孩子拿来的吧？"

安石？他的名字？和王右丞同名？口气蛮大的嘛。

"姥姥，这篮子里是什么东西啊？"

"是你最爱的绿豆糕啊。听说你喜欢，安时那孩子还把他那份儿也送给你了呢，真是个好孩子。"姥姥说着笑着点点头。

还能把吃的相送？难道刚才错怪他了？对于吃货三草来说，吃的绝对是最有价值的东西。

三草看着怀里香喷喷的绿豆糕，想着下次一定要跟少年道歉，可是，下次见面又是什么时候呢？

2

三草从姥姥那里知道，原来安时也是从城里过来陪老人的。他的奶奶住在这里，这些年劝了她好多次，老人家都执意不肯搬过去和城里的孩子们住一起，说是在乡里大半辈子了舍不得这里的一切。只是，她三草是被爸妈踢下来的，而安时是主动跑过来的。哦，他的城挺远的，好像是，北京城。

本来还以为短时间内不会再见到少年了，三草也没想到，第二次见面来得如此之快。还是那样炎热的午后，老树都抵抗不了那一波又一波的热浪，耷拉着枝丫，叶子也都被热得没什么精神，无力地垂挂在树枝上。三草还是躲在后院的葵花园里，在大树底下写暑假作业。

看她皱着眉一会儿咬笔杆，一会儿抓头发，抓耳挠腮的样子一看就是被眼前作业上的题目难倒了。

三草看着眼前的数学题在心里不停地吐牢骚：短短几行，字全都认识，组合在一起就是怎么都看不懂呢？

"这么简单的题目都不会？也未免太笨了！"略带沙哑的男声突然在三草头上响起，三草被吓了一跳，条件反射地抬起头来，入眼的就是安时那帅气的脸上明晃晃的笑容，明明笑得很迷人很好看，但三草就是觉得他很欠扁。

不料，下一秒，桌子上的作业本就被卷走了，"我看看，嗯……真的，特别简单！"安时说着一把夺过三草手中的圆珠笔刷刷刷在作业本上解起题来。

"关你什么事！"三草奋起反抗，但碍于身高优势，安时总是略胜一筹，当三草终于把作业本夺回来的时候，安时已经把题解好了，"好了，看看我的解题思路吧。"

三草心中虽然有些不愿意，但还是低头去看安时写好的答案，她希望他写的是错的，然后她再放肆地嘲笑他！可惜这愿望落空了，他的答案比标准答案还标准，而且更加通俗易懂。在学霸面前，三草刚才熊熊燃烧的火焰瞬间就偃旗息鼓了，"你怎么做到的？"

安时等的就是这句话，他挑眉一笑，招呼着三草一起坐下讲题。那场面，一片和谐。

这夏日还是炎热，但不一样的是，空气中因为有友情的发酵而染上些许清凉。在大树底下，在葵花园里，年龄相仿的少男少女头挨头讨论着功课，偶尔为一个小动作哈哈大笑，偶尔为一道题争论不休，这是青春里最最美好的一面，也是成长中最值得怀念的过往。

直到姥姥走到院子里来拍了拍三草和安时的肩膀交代他们可以过去吃晚饭了，他们才从讲题的欢乐意境中苏醒过来，原来他们因为讨论题目已经在院子里足足待了一整个下午。太阳西斜，夕阳的余晖懒洋洋地散在整个西边，太阳的光线已不如正午如火焰一般肆无忌惮地向大地伸出自己的魔爪，反而像刚出生的幼崽的笑，暖暖的，瞬间治愈了久受重创的大地。

三草有些不好意思，想着前几天还想好见到安时要想跟他道歉来着，结果一见面就又呛上了，而后来又被习题彻底转移了注意力，现在想要郑重地向他道个歉，又觉得不好意思起来。虽然挺不好意思的，但该做的还是得做，这样想着，三草咧开嘴略带羞涩地对安时道歉道："对不起，我那天骂你是无心的，谢谢你能来教我数学。"

"没关系，我本来……我本来找你也是来道歉的。"讲到这里，少年也羞愧起来，"我那天不该说你是小四眼儿，我回去后才想到你生气的缘由，虽然我不是故意的，就像你说我的嗓音像鸭子一样，我也会很介意很生气。所以，我原谅你，你也原谅我吧，我们扯平了。"安时说完嘴角扬起九十度的微笑。

"所以，我们这算和好了吧？"

"你说呢？"

三草偷偷地笑，安时虽然没有明确回答，但她已经有清晰的答案了。她的心情真好啊，若是笑出来，她的笑容肯定比阳光更灿烂。

3

与安时相处越久，三草越觉得安时人不错，该怎么形容呢？哦，就是说他每时每刻都散发着人格魅力，连他的每个小动作小细节都蕴含着神奇的魔力。三草也认清了自己从一开始到现在最大的误区，原来安时的"时"是时间的"时"，而不是王安石的"石"。当然了，这个错误无伤大雅，三草自己不说就没人知道。

暑假有些长，但对于三草和安时来说，这样的时光怎么多都不够用。天气晴朗的日子里，三草就和安时去池塘钓鱼。当然，三草那三脚猫的功夫是不够钓到大鱼的，她的作用就是给安时解闷儿，无聊时唠唠嗑，顺便享受享受生活。安时钓到的大鱼最后全数给三草，因为她姥姥能做出一桌全鱼宴，特别是糖醋鱼，那滋味，那色泽，每次想起都让人垂涎三尺。两家人坐在一起吃饭，其乐融融。

下雨的时候，三草就和安时在屋里讨论功课，在室内下象棋，听雨声。两个认识不到一个月的人，熟悉得像好了几十年的老友。

只是，就如高尔基在《十戈比银币》里所说："在生活中，我们命中碰到的一切美好的东西，都是以秒计算的。"

当安时告诉三草他要提前离开的消息时，三草顿时手足无措起来。

"怎么……怎么那么快？暑假还没过完呢。"

"你眼眶怎么红了？平时不是挺汉子的吗？"看着三草瞬间红了的眼，镇定的安时也有些无措起来。

"刚才我吃辣椒辣红的不行啊？"三草马上就恢复了平时大大咧咧的汉子状态。她刚才还差点儿哭了，想想自己也真够矫情的，丢人！

"这次回去，我奶奶也会跟我一起回去，也许以后不会再来了……"安时说话的声音变得越来越小，沙哑的声音在葵花园里就像独奏的小提琴，让人忍不住悲伤起来，"你好好学数学啊，以后考上北京，我们就又能在一起了……还有，别老玩手机电脑什么的，你视力本来就不好，我可不希望你度数上升过快。"

"知道了，婆婆妈妈的。你什么时候走啊？"

"等一下，我爸妈就过来接我们了……你记得以后高考一定要报考北京啊！"听到不远处传来的呼喊声，安时急忙说道。

"你爸妈在叫了，你走吧。"虽然舍不得，但三草还是把安时推了出去。

"一定要好好学习，我在北京等你。"安时执着道。

三草只是点头，却没有说出他想要的诺言，北京啊，她会努力，可结果，谁又知道呢。

直到上车，车子驶出了一段路程，安时也不忘向后呼喊："三草，我在北京等你……在北京……等你……"

三草听着那渐行渐远的声音，眼睛慢慢湿润了一圈儿。她在心里默默答应，会去北京，会好好学习考去北京。但是，是谁说的，太轻易许下的承诺只会被无情的时间撕裂。所以，她不许诺，但她会好好向那充满光亮的地方走去。

在葵花愈开愈盛的季节里，三草收获了一段珍贵的友谊，并且因为这段友谊，更加坚定了对未来的信心。

每当试卷上的分数比上次多了一分，三草离目标就更近了一步。每年的暑期到来，三草还是会去乡下陪姥姥，还是会住在那个充满回忆的葵花园里，看看花草，写写试卷。

春去秋来，三草偶尔会从姥姥那儿听到安时的消息，偶尔会收到安时的来信。各自安好，这就是最好的消息。

北京，三草在继续努力着，她在不停地把自己变得更好，她希望再次与那个陌生又熟悉的老朋友见面时，是自己最美好的模样。

你们相信三草最终能与安时相聚吗？

我相信。我一向喜欢 Happy Ending 的美丽童话。

绿围裙的夏天

奶油小姐的梦想进化论

鹿 眠

奶油小姐是我同桌。

奶油小姐还真是有着像奶油一样的性格，绵软，温柔，有些内向。要是放在古代的话，奶油小姐绝对是个标准的大家闺秀。

但我不得不说，奶油小姐是我所有同桌中最闷的一个。当我们在大谈梦想是未来要当什么什么家的时候，奶油小姐只是在一旁默默微笑，说自己还没有想得那么远，现在最大的梦想就是把数学成绩提上去。

没错，和大多数文科妹子一样，奶油小姐的数学成绩也烂得一塌糊涂。但奶油小姐真的是个很执着的人，她每天都很认真地听数学课，每天都很认真地写课后作业。可现实不是影视剧，奶油小姐也不是影视剧里努力了几个镜头的时间就成功逆袭的主角。每次数学成绩单发下来看到奶油小姐还不及总分三分之一的分数我都替她感到难过，而她只是浅浅地笑笑，对我或是对她自己说没关系，比上次还多了几分呢。

付出了却得不到回报是让人痛苦的，付出了巨大的努力却一直得不到回报是让人绝望的。

我想如果是我的话，我绝对会把成绩单揉成一团，狠狠丢掉，然后可能再也不会对数学上进了。那天我的确看到奶油小姐眼里深深的失落，可第二天奶油小姐就把试卷上不懂的题目都标记了出来，课间时小心翼翼地推到我桌面上问我这些题的解答方法。

我并不是很有耐心的人，三言两语就把解答思路哗哗说完了，也不管她听没听懂。现在想来奶油小姐还真是有耐心，她听完后自己先回去琢磨了一阵子，逮到我有空儿的时候就又把没琢磨懂的题目拿出来问我。

当时奶油小姐还把我称为拯救她数学成绩的天使，不过在我自己眼里看来，我整个就一高傲的恶魔，专门欺负可怜的奶油小姐。

月考如期而至，成绩单出来后奶油小姐满怀期待地第一时间跑过去看，可是结果还是不尽人意，数学一项的分数依然少得可怜。周围的同学都安慰奶油小姐，说数学一科是没有那么容易提高的，奶油小姐扯着嘴角淡淡地笑笑，对我们说没事儿，这属于她的正常发挥。

我本以为奶油小姐会放弃，毕竟数学真的很难在一段时间内提高，况且前两次月考数学成绩的打击也很难让人坚持努力下去。可奶油小姐像是没事儿人一样，似乎是准备好了和数学死磕到底。

月考过后，奶油小姐更加勤快了，每天更认真地听课更认真地写作业，就连体育课都不和我们打球，一个人早早回教室，只为抽出二十分钟的时间做数学。我舔着雪糕一身臭汗回到座位，奶油小姐也不嫌弃我，立马就把不会写的题目伸到我面前请求我的支援。其实周围的同学包括我在内都不是很看好奶油小姐，大家都觉得奶油小姐的脑袋是木头做的，人生那么多美好的事儿，何必跟数学死磕到底呢。

我给她讲了两遍解答思路后她还是不明白，我有些不耐烦了，脱口就骂她："你怎么那么笨啊？怎么教都教不会！"奶油小姐有些尴尬地看着我，随后默默低下了头，"我就是比较笨啊。"听罢我感觉自己有些过分了，正想着怎么安慰她，她突然又抬起头来坚定地看着我，"你就再讲一次嘛，就一次好不好，我保证这次一定能听懂！"我看着她的眼睛，觉得里面有什么东西在闪闪发光。

临近期末，除了个把学霸还在奋力一搏，大部分同学已经开始筹划自己的假期生活了。文科生不用考物化生，所以当理科生们在考场上与该死的电路图和化学式厮杀时，文科生的我们在宿舍优哉游哉，宿舍的妹子们不是打着增强语文知识的幌子看课外书，就是偷偷摸摸地玩手机，日子逍遥得不行，似乎根本没把期末考放在眼里。

当然，宿舍还有一只勤劳的小蜜蜂，我们的奶油小姐，正坐在床上专心致志地复习。除了奶油小姐以外，宿舍的其他人都没在复习，这样的情况无疑让奶油小姐成了全宿舍的"公敌"。奶油小姐成绩中下，数学一科尤其差，这就成了宿舍妹子们挖苦奶油小姐的方向。奶油小姐一离开宿舍，舍友们就开始小声嘟囔，说有些人那么勤奋成绩还不是没有起色，勤奋根本就没有用什么什么的……

可上帝像是个调皮的孩子，偏偏不按照大多数人的意愿出牌。奶油小姐的期末考成绩终于不在原地踏步了，她进步了二十多名，数学单科成绩全班第二！

之前一直不看好她的同学也纷纷向她投去认可的目光，没有人再说勤奋没有用之类的话。很多同学看了成绩单都跑过来拍拍奶油小姐的肩，"祝贺你逆袭成功啊！"奶油小姐每次听了都有些羞涩地笑笑。只有我知道，奶油小姐这次的一鸣惊人根本不是逆袭，世界上也从来不存在逆袭之说，每次看似"逆袭"的背后都有着漫长的潜伏期，每个逆袭的人都有着别人看不到的坚持不懈的努力。

新的学年，我们步入紧张的高三，再次聊起梦想的话题时，我问奶油小姐："你的梦想是什么啊？"奶油小姐看着我的眼睛，有些语无伦次，"啊？我还没想好……呃……我就想高考，我能考上一本……"在场的同学都知道以奶油小姐现在的分数离一本线还有些距离，但这次没有人再质疑奶油小姐，因为我们都知道，她定会一步一步朝着她的目标前进，她小小的梦想也会随着时间一点一点进化。

这篇文章送给我亲爱的奶油小姐，也送给世界上千千万万个奶油小姐。

我们都要相信，努力是会有回报的。千万不要放弃啊，只要努力耕耘，再小的梦想也会带给你一个春暖花开的未来。

淮北有枳思淮南

鹿鹿七

1

你有没有因为喜欢一样东西而喜欢上去做一件事？

你有没有因为学会做一件事，而坚持不懈地想要去做好这件事？

你有没有在做这件事时，尽管波折重重，仍然不愿意放弃努力？

秦枳有，这件事，就是写故事。

2

起初，秦枳是在一个游戏论坛里写小说。

那个游戏做得很火，在当时几乎所有的角色扮演游戏中，独占鳌头，秦枳会从游戏关注到论坛，是因为游戏里一个系统公告。大致内容就是论坛里几个版块同时举行比赛，一来是吸引玩家参与度，二来是借机完善游戏机制。奖品十分丰厚，从周边，到见面会机票酒店，到点卡不等。若是能拿一等奖，就能得到一个最新款的笔记本电脑。

秦枳很心动，她在众多比赛中选择了一个自己最擅长的——写故事。比赛内容是根据游戏里的NPC发挥想象力，写出一个属于NPC主角故事，若是写得好，除了得奖，还会放在官网上，作为官方宣传故事。

秦枳在游戏里晃了一圈儿又一圈儿，终于选定了一个角色，她到现在还记得那个角色的名字——翩跹。

游戏地图中淮南道一个在青砖白瓦下跳舞的NPC。秦枳记得第一次看到那个NPC时，她就被吸引住了，不知是翩跹翩翩舞动时身姿的妖娆，还是翩跹广舒水袖时的落寞。

明明那只是游戏里一个毫无生命的NPC，却在秦枳眼中，写满了故事。秦枳还为她写了一首词，"莫问玲珑珠，莫羡花不如。绣裙染绿薄日暮，谁言女子定入君王户。草木铺彩路，飞鸟吟歌蹦。芙蓉醉面翩跹舞，青砖白瓦亦遭仙人妒。"

故事很简单，讲的是一段仙人恋。结局一贯的凄凉动人，就像秦枳当初看过的每一个故事。

秦枳随手一写，随手在论坛里一发，转身就将这件事忘在了脑后。等她再注意到论坛里的比赛进度时，是她在论坛里收到了许多站内短消息。

逐条翻过去，大多数是对她故事的唏嘘感叹，只有一条，格外扎眼。秦枳记得发送的那个人，是论坛里很有名气的版主——无心在爱。

3

无心在爱给秦枳发消息，邀请秦枳加入墨社。

墨社，一个由玩家组成，扎根在游戏论坛里的文字爱好组织，几年下来，已颇具规模，在论坛里很受欢迎。

秦枳翻着无心发来的链接，入眼的就是一行字，墨社，莫舍，一点心情，一点墨，一间墨社，一芬芳。不知怎么的，就对了味。秦枳在站短里回复无心，我加入。

这三个字像是具有魔力。

自那之后，秦枳迷上了写故事，写自己、写别人、写游戏、写NPC，原本对游戏的痴迷渐渐转移到了论坛上。也渐渐的，在游戏论坛里收获了一份不同于现实世界的满足感。

论坛里很多人喜欢看秦枳的故事，留言、追文、评论。也有人特意通过站短，加秦枳的QQ，将自己的故事讲给她听，希望借她的笔把自己的故事讲出来。

秦枳忽然就找到了存在感，那是她在学校从未有过的感觉。秦枳想到了高考结束后，那个匆忙混乱的夏天。她在父母亲人的建议下，选报了一个自己不喜欢的专业，去了一个自己不喜欢的城市。因为不喜欢，所以缺乏热情。

秦枳觉得自己迷茫得像是一个机械人偶，日复一日，上课，做练习，考试，成绩不好不坏，光阴不快不慢。没有喜欢，没有不喜欢，一切平淡如白水。

墨社像是一支巨大的彩色水笔，将秦枳的一杯白水，搅得色彩斑斓。

秦枳在那个叫作墨社的地方，一待就是三年。以她之名，发表在论坛里的文字不下几十万字，有长有短，几乎每一篇都有很多人追看，评论。她们以自己的名字能出现在秦枳的故事里为荣，她们会每天在论坛里给秦枳道晚安。

只言片语，却让秦枳内心温暖。

4

秦枳以为，她大概就只会这样在论坛里了。她满心想着，用自己的笔，给自己创建一个属于自己的世界。这个世界，没有不甘，没有纷争，没有钩心斗角，没有尔虞我诈，没有责备，没有压力，是她最想要的模样。每当她伤心难过的时候，她就喜欢躲在这里，插上耳机，沉浸其中。

但，好景不长。

似乎每一款热门游戏到最后，都会被开发商发展为敛财工具，秦枳所深爱的这款，也不例外。

越来越多的人开始在论坛里谩骂、叫嚣、爆料。大服中的八卦源源不断，帮派、玩家矛盾层出不穷。再也没有人有耐心去看完一个故事，去品读秦枳略显小女儿心态的文字。

秦枳看着论坛里那些标红高亮，甚至被版主禁封的帖子，哪里还有当初让她心动的模样？

就连墨社中那些曾让秦枳唏嘘感慨，以羡慕的姿态仰望的写文大咖也渐渐淡出，结婚的结婚，生子的生子，再无暇打理论坛。

除了秦枳，她总觉得，哪怕论坛乌烟瘴气，至少她还能为那些真心喜爱文字的人留下一方净土。

所以当那些没有硝烟的战火蔓延到秦枳用文字构筑的小世界里，当喋喋不休的口水争论一波波淹没她费尽心血描绘的故事中时，她终于明白，这里再也不是她熟悉的地方了，一味龟缩逃避，也并不能阻止世事的变迁。

秦枳有些难过。

论坛里一个秦枳的忠实粉丝问她，你这么喜欢写故事，为什么不去给杂志投稿呢？

　　秦枳盯着电脑上的这行字，如梦初醒。

　　是啊，她的故事这样受人欢迎，为什么不去投稿，不去给更多的人看呢？

　　秦枳关上了论坛，开始疯狂地百度搜索各种投稿链接。

5

　　百度里投稿链接参差不齐，各种投稿邮箱。秦枳挑出几个自认为满意的稿子，开始一个一个地尝试，大多数都石沉大海。少数回复，也不过寥寥数字，皆是风格不符，予以退稿。

　　次数多了，连秦枳自己都有些怀疑，是不是她并不适合写故事？那论坛里被人追捧，盛极一时的过去也只是假象？

　　可秦枳还是不愿意放弃。她内心是复杂的，一半欣喜，一半担忧。喜的是她的稿子只是风格不符，并不是没有进步的空间，忧的是她当局者迷，并不知道问题在哪里。

　　秦枳能做的只是继续写，继续找，继续投，颇有些不撞南墙不回头的孤勇。

　　到后来，她甚至有些惧怕看邮箱回复，怕看到退稿，可是更怕看不到退稿。

所以当秦枳收到那封比之寥寥数字的退稿信多了几倍内容的退稿邮件时，内心激动得无法言语。

这是第一次有人有条有理地给秦枳回复，她反复看了许多遍，每看一遍，似乎都能看出点儿不一样的东西。回复里先是肯定她的文字功底，然后指出她故事的不足，接着给出了许多中肯的意见。其中一条，就是让她多去看看杂志，这样才能更好地把握故事的节奏。

透过这些文字，秦枳仿佛看到了那位给她回复邮件的编辑认真的样子。她心中忽然生出一种，"我一定要努力，这样才能对得起她"的冲动。

当天秦枳就跑到书店，买了许多市面上当红的杂志，她一本一本耐心地看，比照那位编辑博客里发出的约稿函，然后根据自己的理解总结，选定了一个栏目，开始去写新的故事。

这一次，秦枳没有盲目地乱投，而是直接邮件到了那个熟悉的邮箱里。

6

等待是最磨人的小妖精。

秦枳心怀忐忑，整整等了一个月，依然是退稿，可是这一次，她等来了第一个主动加她的编辑。秦枳兴奋地在宿舍尖叫起来，她偷偷地称呼她为W。

几乎所有的收稿编辑和邮箱里都会标注这样几件事，请在投稿时标明标题、栏目、字数、笔名、联系方式、QQ或电话，以及收件地址。然而事实是，并没有多少编辑会真的去看你那些信息。

秦枳在经历无数退稿邮件后，早已认清了这件事，她并不奢望有编辑会在芸芸众生里一眼相中她这样一个毫无章法的小透明。可每次投稿，她依然耐心认真地填写每一样信息，她心中仍然会生出隐秘的期待。

W的出现，就好像是听见了秦枳内心的呼唤，她向秦枳证明了一件事，只要你愿意努力，总会有人看到你的闪光点。

W加秦枳后，对她这次投稿进行了系统的分析，并针对秦枳的问题，一条条举例说明。秦枳在屏幕这边，小心翼翼地，生怕错过一个字。提问，咨询，跟W进行沟通交流，终于知道自己最大的问题在哪里。

因为在论坛长时间散漫地写作，所以行文节奏都存在问题，偏重于辞藻华丽的修饰，而忽略了情节的重要性以及结构的合理把握。

W说，你好好琢磨琢磨样文，不懂再来问我。

W还说，你要想清楚，你到底想通过这个故事，给大家传达一个什么样的信息，这就是大家常说的行文主题。

秦枳如获珍宝，她没有继续再问，而是细细咀嚼，消化着W说的每一句话，每一个问题，结合自己以前胡乱投稿的底稿，一点点理解吸收。

这一次，秦枳终于抓到了自己的症结。

W博客的样文中，有一篇是墨夕颜的《莲殇》，秦枳很是喜欢。她已经记不清自己看那篇文看了多少次，但是这一次，她一边看，一边回想着W说的话，仿佛又收获了些新的东西。

不同于以前想到什么写什么，想到哪里写哪里。这一次，秦枳整整构思了一个星期，才缓慢下笔。那个文写完之后，她又反复修改了好几遍，确定没有问题，才忐忑地投出去。

一等，又是漫长的一个月。当W的邮件回复过来时，秦枳的握鼠标的手都是颤抖的。

邮件里只有四个字，恭喜过稿。

秦枳永远也忘不了那一天，是2011年11月20日。

秦枳喜极而泣。

7

往后的秦枳，似乎自带洪荒之力。

再给其他杂志写稿子，收到退稿后，也不会像最初那样茫然无措，而是先审视自己的问题，然后找编辑咨询请教，尽量避免下一次出现重复的问题。

不只是写文，就连学习，秦枳也获益良多。因为当初的坚持和不懈努力，让她在以后面对许多事情上，都多了一份与常人不同的坚韧毅力。

她相信，只要真心热爱，只要坚持努力，就一定会有收获。

世上千里马常有，而伯乐不常有。

秦枳不敢称呼自己为千里马，可是，她很庆幸，W发现了她，认可了她对文字的满腔热情。

机遇可遇而不可得，只有做好万全的准备，才能在它出现时，牢牢抓住它。

往后很久很久之后，秦枳都十分感谢她的生命中曾经出现的这两个人。无心让她对文字着迷，积累了许多经验，而W则引导她进入了一个更为广阔的天地。

因为她们的肯定和赏识，才让秦枳一点一点，扎根于自己心中的淮南，不甘于平凡，盛放出甜美的果实。

后来每当有人问起秦枳，是如何开始写文的，秦枳总会笑着说，只要不轻言放弃，刻苦努力，诗和远方，就在前方。

绿围裙的夏天

巫小诗

绿 色 围 裙

高考完的暑假，足足有三个月长，对于没有旅行计划的毕业生来说，这么长的假期，漫长得有点儿无聊呢。

吕萌就是这无聊群体中的一位，高考成绩一般，准确说是发挥失常，父母原本允诺的旅行奖励付之东流，她自我埋汰道，这怨不得谁。她朋友不多，仅有的两位好友，一个回了农村老家，天天摘菜种花零距离农家乐，一个举家旅行海外，分享不完的椰林树影海鲜渡轮。没有旅行也没有聚会，这么长的假期，总该做点什么呀？不如去兼职吧！

可做什么兼职好呢？暑假已经浑浑噩噩过了一个多

月，可以做短期工作，能让自己忙起来，收入不会太低，离家不远，技术难度低，还有空调的工作，吕萌思前想后，大概只有去附近那家大超市当导购了吧，嗯，只能当导购，不能当收银，因为她不仅手脚慢，还完全分不清假钱，收银员那种"高精尖"工作，她可干不来。

超市的名字叫"绿叶"，整体的装修色调都是令人清新的绿色，连导购员的工作服，都是墨绿色的围裙，围裙的胸口有个口袋，口袋上绣着一片树叶，相比起其他的工作服，还是挺别致的，吕萌很喜欢这条绿围裙，每次下班，都小心翼翼地把它折叠好放进员工储物柜。

绿围裙的夏天就这么开始了，跟以前的每个夏天都不一样，没有功课辅导班，也不是沙发薯片偶像剧，这是她作为成年人的第一个夏天，第一个不同视角看见的夏天。

等待硬币的小孩

超市里每个岗位都是有固定人手的，只是个别部门偶尔缺个帮手。作为超市里的新人，吕萌的主要工作是在各个区域帮忙打杂，哪里需要去哪里。她第一次负责的区域居然不在超市内部，而是负责储物柜援助和超市出口处的投币娃娃车，工作相对轻松。

储物柜援助，听起来很高端，其实无非就是储物票丢失找着开个锁，或者是老年人不会使用储物柜，教一下，小朋友个子矮了帮一下，没别的。

娃娃车，多么经典的玩具，物价上涨那么多倍，它却丝毫不受影响，吕萌童年时它就是投币一元，现在依然是，只是一元钱的游戏时间略有缩水。吕萌的工作就是出现了吞币现象解决一下，或者小朋友恶意捣蛋制止一下。

一般情况下，吕萌在储物柜附近站着，偶尔在红色的消防栓上坐一坐小憩，眼睛还得时不时瞄一瞄投币娃娃车。一天下来，还挺无聊的。

第三天，她发现一个事情，有一个牵着三岁样子的小孩儿来超市买菜的年轻妈妈，每天出现的时间都差不多，每天她的孩子都要在娃娃车边上哭闹一次，原因很简单，孩子想玩，她不同意，而且有理有据"妈妈没有硬币"，小孩儿继续哭闹的话，她就打开零钱夹子"喏，你看，妈妈真的没有一元钱的硬币呢。"说罢，推推搡搡地就拉着孩子走了。

同样的场景，连续上演了三天。小朋友长得挺可爱，每天听他哭，吕萌还挺心疼的，不由想到了童年的自己，那时候的一元钱可比现在值钱，妈妈也断然不会轻易浪费一元钱给自己玩乐，这个小朋友跟自己一样可怜呢，不，是比自己还可怜，因为一元钱放到现在，真的是微不足道了。

员工午餐时，吕萌把这个事情讲给了收银员小张听，小张说："我认识她呢，她每天上午带着孩子来买菜，每天在结账时，都小声嘱咐收银员不要找硬币。我以为她只是不喜欢硬币呢，原来是借此不让孩子玩娃娃车，还故意不让他听到。"

听到这些，吕萌心里更不是滋味，觉得这个妈妈实在是太抠门儿，太过分了，她决心帮一下这位小朋友。如果直接在小朋友哭闹的时候过去说"我可以换硬币给您"，那似乎太唐突，甚至被小朋友的母亲指责多管闲事。

于是，她私下里跟每位收银员协商好，一起来帮一次这位小朋友。

隔日，同样的时间，那对母子又出现在超市里，快到收银台时，收银员们默契地把一元纸币藏在了百元纸币的下面，找零时，假装抱歉地告诉她："不好意思，一元的纸币刚刚用完，我找您两个硬币吧。"

对方没有办法，硬着头皮收下了那两枚硬币。当天，小朋友如愿以偿地坐上了娃娃车，吕萌会心地笑了，看着跟着音乐摇动的笑着的小朋友，她仿佛看到了童年的自己。

丢三落四的姑娘

储物柜和娃娃车那边不忙的时候，吕萌也去监控室帮帮忙。她倒不用负责坐在视频前面眯着眼睛看谁谁谁偷了超市的东西，谁谁谁拆开了不能拆的物品包装，而是协助前来求助的顾客寻找遗失的物品。

在吕萌工作的几天里，几乎每天都有人丢了东西，但一般的结果都是找不到，超市太大了，遗失的物品太多了，摄像头太散了，除非是晚会现场的导播，才能够巧妙地一个机位转另一个机位，否则，一般是无法连续跟踪的，丢了便丢了，不是被人偷了，就是被捡到的人顺手牵羊了，吕萌也没什么办法。

可是，偏偏有一个女孩子，她三天两头在超市里丢东西，丢也就罢了，还次次都能找到，这真的很奇怪，不合常理。

女孩儿看起来十五六岁的模样，每天来超市的时间都差不多，基本都是晚饭前的时间，她背着书包，没有穿校服，应该是暑假被家里逼着去上补习班的高中生。

这一天，是吕萌第二次见她，她跑到视频监控室来，对吕萌可怜兮兮地说："阿姨，我的太阳伞丢了。"吕萌才不在乎她丢了什么伞，只是打心里介意着女孩儿叫她"阿姨"，心想，我才毕业几天，也是正当18岁的青春少女好吗。可是困于职业颜面，她不能当面跟顾客计较太多，她只好硬着头皮帮忙查看监控，即便太阳伞不是多大的事儿。

查看监控的途中，女孩儿的注意力似乎不在吕萌这边的屏幕上，而是在她身旁的人身上，每当吕萌回头看她时，她又假装若无其事，这令吕萌很费解。整个监控看下来，太阳伞并没有找到，女孩儿丝毫没有沮丧的样子，反倒说："丢了就丢了吧。"

吕萌气不打一处来，"你既然不把这个当回事儿，说丢了就丢了，为何急急忙忙可怜兮兮地让我帮忙找？这是第二次了！上一次丢了雨伞，还是在你的寄存柜里找到的，你是来故意刁难我的吗？"

被较真儿的吕萌的气势吓到了，女孩儿居然表现出恍然大悟的样子，"啊！我忘记了，我今天没有带太阳伞出来呢，抱歉呀，害你白麻烦了。"然后一溜烟儿地跑了，简直是逃跑，真是奇怪的人。

她走后，监控室里的人笑了起来，吕萌问他们笑什么。

"她恐怕丢了快有十次东西了吧，我们都渐渐不理她了，只有你外行不清楚，才傻乎乎帮她看监控。"主管回答。

"她为什么天天丢东西？！她是在恶作剧吗？"吕萌更加气愤。

"她啊，啥恶作剧，恶作剧之吻吧，她是花痴上我们监控室的小唐了！"值班室的人笑得更欢。

这么说来，吕萌恍然大悟，难怪看监控的时候她的注意力都在小唐这边，小唐确实还挺帅。既然是这个原因，吕萌自己也笑了，她觉得，丢三落四的女孩儿倒是没有多可恶了，自己小时候也有过为了接触帅帅的男老师，而跑到办公室去问问题的小心思呢，少女情怀总是诗嘛。

每晚九点的战争

超市每天晚上十点钟关门，基本到了快九点的时候，储物柜、娃娃机，还有监控室，都十分清闲了，这时候，吕萌会去糕点区域帮忙，糕点区的这个时间，比白日里要忙碌许多，为什么呢？因为啊，这家超市十分正规，蛋糕、面包等新鲜熟食，基本都是当天销售，超市有一项促销政策，那就是每天晚上的九点钟后，所有自营的糕点一律半价销售，有了这项政策后，超市的糕点都能被抢购一空，再不用熬夜。

可正是这一项政策，让吕萌发现了许多有趣的现象。

半价的糕点都是要过了九点才可以在称重处打上半价价格的，哪怕你八点五十九分去称重，都是原价一分不少，而你也无法在不称重的前提下就提前把它放进购物篮，导购看着呢。这就面临一个尴尬，要么你站在糕点旁等待九点的到来，这似乎有点丢脸，被熟人看到了还觉得你如此贪图小便宜，要么你先去买别的，九点了再赶过来，大部分人都会选择后者吧，可惜后者要面临来晚了好的糕点已经没有了的风险。

于是，快到九点时，糕点区的周围就会渐渐聚集起一堆中年妇女。她们推着购物车，看起来跟别的顾客没有任何区别，有的也许正在挑选着蔬菜，有的站立不动地看着手机像在回复一条很重要的讯息。在周围不自然地"闲逛着"的她们，注意力却全都在糕点上，她们像躲在深处的猎人盯着自己的麋鹿般看着面包，"这个跟旁边的一样大，但是葡萄干多了一倍""这个肉松很多，但是有点变形，孩子会不喜欢吃，得拿旁边那个形状好一点的。"她们的心里像小剧场般早已彩排了多次，只要时间一到，她们就可以隆重登场。

但这一切又必须小心翼翼，遇到熟人，也只能给他们"我刚好这个时间在买东西，顺便买一买打折的面包"的感觉，自己是并不贪图便宜的，只是顺便，只是顺便！整个糕点区，弥漫着一种大型"快闪"活动的气氛，恍惚间会感觉这群中年妇女，九点一到就会音乐起，广场舞伺候的气场。

八点五十八分了，中年妇女们从四面八方默契地围了过来，有的人手表已经提前到了九点，她举起一个面包，正要称重，周围立马有人制止了她"还没到时间呢！"像一群在起点准备公平比赛跑步的运动员，制止了一个正要抢跑的人，她举起面包的手，又怯弱弱地缩了回去。

五十九分三十秒了，可以下手了，拿到手再称重，刚好九点。妇女们一拥而上，有人心满意足拿到了自己心仪的那个面包，有人下手慢了，只能退而求其次，拿起了旁边那一块品相差一点的，也有手更慢的，空手而归，瞥了一眼"这群贪小便宜的妇女"带着某种奇怪的优越感离开了。

过完了手忙脚乱的九点，糕点区恢复平静，吕萌从来没有取笑过这些中年妇女，反倒觉得她们的节俭很是可爱，因为她知道，她的母亲，也经常是拥挤的她们中的一个。

每天打烊之后

每天打烊是在十点，但这个时间是针对顾客的，员工们几乎都要在十点半甚至更晚的时间下班。

收银员要核对一天的账目，收了假钱要惩罚，就连收多了钱也要批评。收银员小张是吕萌在超市里玩得不错的朋友，她以前都喜欢留一点手指甲，现在完全剪掉了，吕萌问为什么，她说"每天要摸八个小时的钱，钱很脏的，手指甲缝隙都黑了。"

"钱不是很好的东西吗？脏一点又何妨？"吕萌故作成熟地回答小张。

"钱确实是好东西，但每天摸着别人的钱，心里那滋味，可真不好受。"

哈哈哈，二人笑作一团。

下班之后，二人通常结伴回家，因为顺路。吕萌回家的路走下来大概是十分钟不到，而小张要走接近十五分钟，有时甚至还多，吕萌说："你要是有辆电动车就好了。"

"你知道我最喜欢什么车吗？"小张问吕萌。

"什么车？轿车？火车？"吕萌被这种奇怪的问题问到，愣愣地回答道。

"都不是，我最喜欢的车啊，是超市的购物车，坐起来可好玩了。"小张的回答，着实让吕萌吃一惊。

"我们都是成年人了，坐在购物车里面真的合适吗？咱们超市连小学生都不允许坐购物车啊！承受不住，购物车只能给幼稚园及以下小朋友坐。"吕萌员工素质颇高，正义感爆棚地告诉小张。

"我今年都二十多岁了，我的童年没有坐过超市的购物车，我的少女时代也没有坐过男生的单车前杠，后来心里老惦记着这两个事情。后面的是没有希望了，前面的还是可以的，你知道吗？有时候我下班后，就去帮整理货架的伙伴，偶尔就会坐一坐超市的购物车，他们还在后面推我呢，可好玩了，从来没有被主管发现过，大家都帮我保密呢。"小张放低了声音，样子很可爱，像告诉了我一个令人羞愧的大秘密。

"想不到，你如此少女心态啊，哈哈，不过听起来很不错哦，我也没有坐过购物车呢。"吕萌说。

"这好说，明晚请你坐购物车，十点半饼干区见！"小张痛快地答应了，这语气，简直跟"明晚请你坐豪车，有钱"一般任性。

这一天，在小张和饼干区导购的协助下，吕萌第一次坐进了购物车，人太大，购物车里的小座位根本坐不进去，她打坐般坐在车内，小张在后面推她，空旷区域直接用力放手推，那感觉很奇妙的，像重回了童年，当回妈妈心爱的小朋友。

意外发生了，购物车撞到了整齐码着的饼干墙，吕萌几乎被饼干盒淹没，小张和另一名导购立马前来救人，饼干盒很轻，吕萌没有受伤。接下来的事可想而知，二人连连跟导购姐姐道歉，二人加班到十二点多，才把那一面饼干墙复原，但她们一点儿也不后悔这一鲁莽体验。再不疯狂，就老啦。

小胖子的早餐

超市开门很早，每天七点就开门了，家住附近的人，每天一大早过来挑选最新鲜的食材。因为买菜的人群里中老年妇女居多，清早也是超市推销食品的好时候，速冻水饺、速冻汤圆、小馒头、泡面、酸奶等等，都提供试吃，超市很大，每天早上得有十多样或刚出锅的或新鲜冷藏的食物供人试吃。

吕萌两天值一次早班，她每天都能在一群大叔大妈中看见一个熟悉的小身影，他矮小的个头和胖乎乎的身体让他极具辨识度。看样子是个小学生，每天这个时间出现，大概是去上培训班之前，而他一个小朋友，难道还要负责帮家里买菜？吕萌很好奇，便稍稍留意了他一下。发现，这个小胖子几乎每次都会从非购物通道出去，是的，他什么都没有买。

不买东西，来超市做什么？还每天同一个时间来？

吕萌跟小张议论起这个小胖子时，小张的职业敏感让她产生了"他会不会是贼"的第一反应，"这么小就出来行窃了，家里怎么教育的啊。"小张忍不住就评论起来。

"你别这么武断啊，还啥都不知道呢，小胖子看起来呆萌呆萌的，才不会呢，你好好收你的银，我明天再关注他一下。"吕萌极力帮小胖子辩护着。

隔天，周六，小胖子没有来，周日，也没有来，难道真的是盗窃，感觉自己被盯上了就不来了？吕萌继续一头雾水。

周一，小胖子准时出现了，依然在熟食区域，吕萌发现，敏捷的小胖子，徘徊于各个试吃柜台，这里干掉四个饺子，那里吃下两小盅泡面，又在另一个地方干掉俩小馒头，兜兜转转，不知不觉就吃了一顿丰盛的早餐呢。哈哈哈，这小胖子，真会贪便宜呢，吕萌想。

吕萌初步断定，这是一个周一到周五上培训班，每天早上来超市吃早餐的小学生，周末在家里吃，自然不必出来蹭吃蹭喝。小胖子身材圆润，脸泛红光，衣服也干净优质，感觉不是贫苦人家的小孩儿，那这般是何必？莫非是，把妈妈每天给的吃早餐的钱用掉了？迫不得已来吃这些？用那些钱去玩游戏机？或者是被高年级的坏哥哥操控着……

吕萌觉得任何一种可能性都不是好事，得出面问一下，没准儿一名问题儿童就被她拯救了呢。隔天，小胖子在吃试吃区域的泡面时，吕萌出现了，假装是负责泡面区的导购，"小朋友，泡面好吃吗？你妈妈呢？可以让她给你买一点回家吃哟。"

"妈妈在那边。"狡猾的小胖子随手一指。

"导购姐姐每天都在这边有看到你哦，你怎么天天来超市吃早餐呀？妈妈不给你零用钱吗？她很坏哦，叫她过来，我帮你说说她。"吕萌当面揭穿着小胖子的谎言。

"我妈妈才不坏，她对我可好了！每天都给了我早餐钱！"小胖子极力帮妈妈辩护。

"那你为什么每天来超市吃？你用这些早餐钱干什么呢？"吕萌问，她在等着小胖子支支吾吾说出玩电玩或者是收集什么游戏牌的理由。

"妈妈要过生日了，她每次都只给我买蛋糕，自己从来不买，我想给她买一个蛋糕。"小胖子的话说出来，着实把吕萌惊艳到了。

吕萌想到自己小时候，可从来不会想这些，只惦记着妈妈买的蛋糕不够大不够好看，小胖子人胖乎乎的，心还是挺细的。

而后的日子里小胖子依然来超市吃着他的霸王餐，还偶尔能得到吕萌带给他的额外加餐。一周后，小胖子笑嘻嘻地对吕萌说："姐姐，我明天就不来了，我攒够给妈妈买蛋糕的钱了。"小胖子顿了顿，支支吾吾地说："买完蛋糕还有一点儿钱，给姐姐买了朵小花别针，可以放在你的绿围裙上，绿叶红花一起会更好看。"说完，小胖子害羞地跑走了。

吕萌小心翼翼地把小花别在了围裙上，觉得这朵花暖暖的。

夏天的尾巴

吕萌的大学快开学了，她在超市的兼职也快结束了。

结束的那天，她领到了这一个月的薪水。她跟所有同事道别，归还了那件被她洗干净了的绿色围裙，围裙上的小花别针，她已经取下来放进自己的抽屉作为收藏。

在这夏天的尾巴上，她回首这个夏天遇见的人儿，或可爱，或暖心，或让她追忆童年，或让她珍惜现在。她挣到了人生的第一笔工资，但比这些更宝贵的，是她这一个月来的经历，那些人那些事，让她看到了一个更完整更生动的世界。

青春有张不老的脸

陌浅狸

　　正式通知放暑假的时候，我正蹲在椅子上一边吸溜着泡面一边看《破产姐妹》第三季的大结局，一向毒舌的Max终于在Caroline的帮助下如愿以偿拿到高中毕业证书，为她抱憾的高中画上一个圆满的句号。

　　电视结束我的泡面还没吃完，不知为什么突然就毫无胃口，剧中她们波澜起伏的故事告一段落，而我的生活却依旧乏味地如一潭死水。

　　一个疯狂的想法像气球一样在脑海里"啪"的一声炸裂。

　　去旅行吧。

　　当天正是我的生日，一张从无锡到西安的火车票转瞬成为我送自己的生日礼物。

当你迈出了第一步，以后的每一步都变得轻松起来

出发那天无锡依然在下雨，学校零零散散还剩一些大三准备实习的学长，我趿拉着人字拖下楼吃饭时楼道里甚至可以听到回声，仿佛整栋宿舍楼空荡到只剩我一个人。

草草收拾随身物品及换洗衣服，我带着青春尾巴上最后一丁点儿冲动与冒险踏上了远行的列车。

从南京开往徐州的那段路天开始放晴，阳光穿透厚厚的云层倾泻下来普照大地，此行前的忧虑与不安在看到那些连绵起伏的大山后一扫而空。

抵达西安已是清晨七点，火车站上"西安"两个大字在晨曦里绽放醒目的红色光芒，出站口对面就是西安标志性的明城墙，城墙很老旧，似乎每一块砖瓦都透着弥留后沧桑的味道。我微微有些感慨，曾经这里是十三朝古都，从石器时代到大唐盛世，每一处都是历史的缩影。可是数千年时光流逝，西安的不少古物都无声地消失在历史长河中。

西安，西北望长安。

我在最近的快餐店里坐到八点钟才开始给阿馨打电话。

阿馨是早前在无锡认识的朋友，研究生毕业后一帆风顺地进了待遇优厚的国企工作，2010年夏天却突然决定辞

职，在古城开一间书店。

她足足比我矮了一头，走起路来却是脚下生风。一路上滔滔不绝给我介绍西安的景点和小吃，我看着她的侧脸终于忍不住问道："选择这条路你后悔吗？"

她思索了一会儿后开口："佳佳，这世上真正能做自己想做的事情的人很少，每个人都要因这生活要选择，有得也有失，我已经很幸运了，又怎么会后悔？"

七堇年说，要有最朴素的生活，与最遥远的梦想，即使明日天寒地冻，路远马亡。比起一颓废就逃离生活远行的我，阿馨要果敢得多，她摒弃自己讨厌的工作，选择理想的乌托邦生活。

我在西安只待了三天，阿馨尽地主之谊带我去了很多地方，古朴沧桑的钟鼓楼、有着亚洲第一大音乐喷泉的大雁塔、精品珍宝荟萃的陕西历史博物馆……

像来西安的每个人一样，我也没有错过魂牵梦萦的秦兵马俑，虽然我们排了许久的队，但烈日和人潮都挡不住我对世界第八大奇迹的向往。据导游讲，这里的陶俑都是当地居民在荒野挖井时发现的残片，如今已被考古者发掘至八千多件，成为世界第八大奇迹。

既然来西安，那就不得不提西安的美食，除却遍布街头巷尾的肉夹馍店，最出名的还是在百年变革中屹立不倒的回民街。泡馍、镜糕、biángbiáng面、擀面皮……这些在古雅端庄的牌楼和廊栋之间的美食吸引着全国各路吃货，从街头飘至街尾的食物香气轻轻就能撩拨吃货们敏感的神经。

回民街里最具代表特色的还属那百年老店的牛羊肉泡馍，我被香气吸引不由分说拉着阿馨进去。等了好久终于拿到号，馍端上桌，没有氤氲热气但碗却摸着烫手，筷子轻轻在一处拨开，热气才携着香气扑面而来，吃上一口，浓郁鲜香。

最后一天离开去成都，一直烈日当空的西安突然乌云当头，瓢泼大雨顷刻而下。短短几分钟像蓄谋已久又突如其来的告别仪式。我回头望了望这座静朴的古都，轻轻对空气说了句再见。

旧胡同尾有一棵梧桐树，微风绕着岁月旋转

早早就听闻成都是很慢节奏的城市，真正抵达之后又有了新的看法。成都给我的感觉就像这座城里最传统地道的美食火锅，白汤辣汤两种截然不同的生活节奏在锅里翻腾，酸甜苦辣各种酱料刺激着你的味蕾，在成都，你想过什么样的生活完全凭喜好选择。

旅行很多时候都会给人出乎意料的际遇，你不知道下一秒上帝就会安排什么样的人进入你的生命。在去成都的火车上与对面的小星、意粉相识，两个广东的小学教师。她们从广东出发，途经广西湖南，这一次旅行的目的地也

是成都。

话若投机一拍即合，聊到一半后我们三人凑一起在网上搜罗在成都的落脚点，最终敲定一间复古风与现代感混搭的青旅。

那是间隐秘在老式旧公寓楼里的青旅，灰漆墙面，覆着大片的爬山虎。清晨时分会有坐在藤椅上喝着大盏盖碗茶听戏的老大爷，傍晚时也有支个小板凳手摇蒲扇给孙儿讲故事的老阿奶。

来成都的第二天清早，小星、意粉还在睡梦之中，我独自背包去了朋友推荐的北书院街。那是个狭长别致的老街，两旁低矮破旧的砖房墙上斑驳着岁月的痕迹，偶尔会有从院子里探出头到街面上来的枝丫。

我显然来对了地方。昨夜的一场雨后，空气里满是清润，我漫步在雨后长长的胡同里，用脚步敲打略带青苔的石砖，倾听老街厚重的回响，心境也是前所未有的宁静，现实里的种种烦恼被我抛在了脑后。

阿金说任何一座城市，想要真正深入了解就要远离那些人头攒动的旅游景点，在略显沧桑的街道小巷里寻找城市往昔的故事。

对了，忘了介绍阿金了，他是这间青旅的店长，总是在大家分享旅途趣闻时安静微笑，也会在我们出行时告诉我们最省时省事的旅游攻略，更多时候他会看各种家装杂志，琢磨怎么把青旅打造得更具创意性。

其实整间青旅里我最喜欢的还是屋外的院子，那里有养着两只乌龟的泳池，还有系在两棵棕榈树上的吊床，微风拂过树叶，发出沙沙的声响，我和意粉两个人躺着摇啊摇，仿佛摇完了漫长的青春。

后来我才知道这间房子是阿金奶奶留给他的最后财产。奶奶去世时他正在尼泊尔的博卡拉跳伞，那是离天空最近的国度，他从山顶纵身一跃，沉寂的山谷间只有长风在耳边呼啸，他的两臂似乎要长出翅膀。

可是最疼他的奶奶也飞上了天堂。

阿金回国后就没有再出去远行，他说走过太多地方，也该停下来歇歇脚步。

树欲静而风不止，子欲养而亲不在。

一个人的旅行也是风景

关于远行，每个人都有不同的想法，我也迷恋这一切，因着陌生的路途上充满未知的新鲜事物，经历喜悦失望的洗礼，获得人生中前所未有的体验。

世界是一本书，出去走走才能翻页。

这次旅行我还有很多没有——描述，背包独自行走东南亚的河北小伙儿，失恋后踏遍大半个中国的欧阳，手工精湛却行迹神秘的阿浪……很多形形色色的面孔，我们一起在幽静的夜里玩趣味游戏，一起经历那些让我们笑过、累过、惊叹过、争吵过也感动过的奇绝风景和浮光掠影。虽然他们并没有在我的人生画布上浓墨重彩地添上一笔，但他们都成为这段美好时光中不可分割的点缀。

于我而言，这便是旅行的意义，在陌生的地方结识志同道合的朋友，体验异样的风土人情，收获属于自己的珍贵回忆。

若干年后我变成耄耋之年的老人，褪去了一身的浮夸与任性，坐在摇椅上回首往日，想起这段勇敢的日子，一定会触动心底深处最柔软的地方。

剪过短发，没爱过烂人

老 K

1

眼看就要六月了。

我买了几条短裤和一把黑色的伞，把全部头发扎成一个单调的马尾。大街上人们被汗打湿的身体不停游走。我每天洗两次澡，昏沉的午睡中听着知了和装修的噪音。所有这些都让我想切断连接外界的那根电线杆，把自己变成鱼缸里最小的小斑鱼。

一场暴雨过后，唯洛洛出现在我家门口，显然她是冒着雨跑出来的。她向来没有带伞出门的习惯。

雨水顺着她的头发、手臂以及衣服的褶皱慢慢流下，一双浸着水的夹脚拖嗒嗒作响，在我的客厅里留下一条水路。我拿长毛巾把她包住，像抖一件衣服一样试图将她抖干。她换上我的T恤短裤，光着脚在每一个房间里走来走去，嘴里说着她最近看了什么书，听了什么歌，遇到了什么有趣的事情……她说累了，打开冰箱拿出了一桶冰淇淋，盘腿坐在地上吃起来。她送我的那个低音炮，在放着曾轶可的歌。死性不改，偏偏不敢用力地去爱。她小声跟着唱，声音一点一点沉下去。她低垂眼帘，眉间有光斑在跳跃。我看向窗外，才发现不知何时已经停了雨，太阳又出来了。

"我在东区看到了他。"唯洛洛没头没脑地蹦出这么一句。

"他和一个女生从7号公车走下来。他好像又瘦了。他把大部分伞撑在那女的头上。他还帮那女的整理刘海儿，不知在她耳边说了什么，那女的笑嘻嘻地推了他一下，然后他就顺势牵住了他的手。"

"那女的漂亮吗？"我问。

"头发很长，皮肤很白，穿一条绿色碎花裙，居然配着一双棕色小皮鞋，品位不要太糟糕！"她夸张地皱起眉头，补充说："没有你高，没有我瘦。"

"管鱼，你说女生为什么要留长头发呢？"她把自己倒挂在沙发上，倾斜而下的头发即将触及地板。

"是为了遮住忧伤。"我挑了一个文艺的说法。

她从沙发弹起来，当机立断地说："走，陪我剪头发去！"

"我没有什么需要遮住的狗屁忧伤。"

她甩给我一个踉跄的背影，我赶紧抓起钥匙跟上她，窗外阳光灿烂。

夏天完完全全地来了。我想。情绪像海藻一样疯长，每一个故事都开始蠢蠢欲动。

上一个夏天，我遇到了一个错过回家末班车的女孩儿。

这一个夏天，女孩儿穿着我的T恤去剪了一个酷酷的短发。

2

蔡钦城看上去是那种见着个漂亮小妞一定要搭讪几句的花花公子，但其实他是那种你拒绝和他打篮球他就会撕扯自己的头发然后拿石头扔你窗户问候你妈妈的神经病。

五年前他住在我家隔壁。他家二楼阳台有一盆丑丑的花，我经常在傍晚看到他给花浇水，穿着白色的背心，嶙峋的那种瘦。暑假的时候，他翻过阳台来我的房间偷走了我的暑假作业，然后用一根旺旺冰棒收买了我。我们分享过一百根冰棒，直到他在这个小区混熟，有了更多小伙伴，甚至在班上成为令人尊敬的数学课代表。周末下午，有小伙伴在楼下歇斯底里地喊他的名字，他抱着篮球像一阵风一样冲出家门。他学会了各种浮夸的运球和投篮动作，还学会了对路边的漂亮女孩儿吹口哨。他不再是那个腼腆到不敢跟我借暑假作业的异乡少年了，我有点忧伤。更重要的是，他不再跟我分享同一根冰棒了。我想，也许是旺旺冰棒涨价了的缘故。

小学毕业考的前一晚，我睡不着觉，做题做到凌晨三点，听见有人敲我的窗户。

"你怎么不睡觉？"

"我睡不着。你呢？"

"我被蚊子咬醒的。你家有火柴吗？"

他给我看手臂上的蚊子包，其实夜色这么深，我只看到了他白色背心上破了一个洞，还闻到了他身上淡淡的洗衣粉味。他的衣服好像变短了，我真是蠢，当然是他长高了啊。

"好像……没有。"我说，"不会有打火机。"

他笑了一下，说："快睡吧。考一场试而已，没什么大不了的。你妈不是说等考完就允许你养金鱼吗？我知道一个很好玩的水族馆，考完试我带你去怎么样？现在，睡觉吧，记得烧蚊香。"

他伸手胡乱揉了一把我的头发。

他……突然变得很不一样。难道是蚊子给他注入了温柔的血液？我觉得还差百分之零点一我就动心了，他的手指留在我头发上的触感，像一片甜蜜的镇静剂，安抚着我紧绷的神经。

不过我怎么可以忘记，青春期的男孩儿都是不折不扣的混蛋。考试一结束，蔡钦城就不见了。他食了言，没有带我去水族馆，也没有还打火机给我。我看着他阳台上的花一天天枯萎，变得更丑了。我想也许明天他就会回来给花浇水了吧。

但他像呼出来的一口烟雾，彻底从我的生活里蒸发了。

3

去年初夏的一个夜晚，我坐在沙发上挖着半只西瓜，接到了一个陌生来电。电话里头的人说："管鱼，我是蔡钦城。"我像这只可怜的西瓜一样，突然间被吸光了所有水分。是的我没听错，变了声之后的蔡钦城给我打电话了。

他问起那盆丑丑的花，说当时走得太匆忙，没来得及带走它。

"它还在吗？"

"大哥，现在才想起那盆可怜的小植物啊。"

我没好气地告诉他："后来我把那盆花抱来养了，没多久就养死了。可能是被主人抛弃伤心过度抑郁而死的吧。"

"那花盆还在吗？"

"在我阳台上，一直忘了扔。"

"太好了！"他说，"我在花盆下面埋了一盒波珠，你帮我挖出来好不好？"

原来他念念不忘的是一盒波珠。

再见蔡钦城，我差点认不出他了。他长到了一米八的个子，穿水蓝色的牛仔裤和白T，脸上有一种漫不经心的表情。他身上依然有那股淡淡的洗衣粉的味道。我有点儿紧张，不知道他有没有注意到我的两个大脚拇指涂了绿色的指甲油，不知道在他眼里我变成了什么样子的呢？

夏天真是太讨厌了，它让人没法保持干爽。奇了个怪，这么长时间失去联系，我和他之间一点儿陌生感都没有。在美丽的水族馆里，我见到一种特别的鱼，这种成对存在，从出生到死亡，它们都在不停亲吻，所以人们叫它们亲吻鱼。我听见蔡钦城说，他遇到了一个莫名其妙的女孩儿。她有时会戴一副夸张的大墨镜；她会在他书包里塞口香糖，包装纸上写着奇奇怪怪的话；她每天站在那里等公车，在他经过时对他吹口哨，以前这个动作都是蔡钦城为别人准备的。很快就是她的生日了，他想送这盒波珠给她，那是他童年最高荣誉的勋章，但他不确定她是否会喜欢。

我明白了，当一个男孩儿跟你说我遇到了一个莫名其妙的女孩儿的时候，其实他的意思是，我喜欢上了一个女孩儿。我有点不知所措。

戏剧性的一幕发生在我刚和蔡钦城在路口分手，转身就看到了一个穿着纯棉背心裙的女孩儿在向我走来。第一眼看到她，我就知道，她就是蔡钦城口中那个"莫名其妙的女孩儿"。也许是她玫瑰印花的复古人字拖，也许是她走路时跳跃的姿态，也许是她左耳上两颗张扬的耳钉。

她对我说的第一句话是："跟了你们一天，渴死我啦！你知道哪里有柠檬水买吗？就算你是蔡钦城的女朋友，我也愿意请你喝一杯。"

我微笑："我不是。"

"那我愿意再请你吃一盒章鱼小丸子！"她的声音里满是雀跃。

真是糟糕，我发现自己和蔡钦城一样喜欢上了这个夏天一般的姑娘，特别是当她回过头对我嫣然一笑，并说"你的绿色指甲油好漂亮，我也要买一瓶"时。她有一双大眼睛，棕色的瞳孔清晰分明，一点点倦怠也没有。我想，当蔡钦城与这样一双眼睛对视，他一定感觉自己无处可逃。但为什么要逃呢？广告里说，人的一辈子有两样东西不能错过，一是你最爱的人，二是回家的末班车。

但有时候，为了多看他一眼，你错过了回家的末班车。

4

唯洛洛从小就知道，喜欢的东西一定要努力去争取，就像小时候趁妈妈不在家，搬来梯子踮起脚尖去够橱柜上的糖。她在绿茵场上奔跑，在操场上呐喊，在站牌等他经过，偷偷抹妈妈的口红，学会吹又尖又脆的口哨，所有这些看似不经意的一切，不过是希望他能够喜欢她，就像她喜欢他一样。她怕什么啊，她青春无敌，她仁者无敌，她宇宙无敌。

他不可能不喜欢上我的。她恶狠狠地刷着牙，恶狠狠地在心里对自己这么说。最近她莫名其妙喜欢上了刷牙，恨不得一天刷十遍。在晚上睡不着的时候，她会把衣柜里所有衣服全倒出来，一件件穿上又脱落，再一件件折叠放回衣柜。她现在对自己所有的衣服都不满意。她想着，下周月考一定要考好，也许她可以跟妈妈说："能否奖励我一条新裙子……"她多么希望自己变得漂亮一点儿，再漂亮一点儿。

十六岁，喜欢上一个男孩儿的心情，像一朵被遗忘在墙角的花，一夜之间，绽放到极致。

她做了一个梦，梦里他站在一片荒凉的田野边，她背着书包从学校走出来，听见他说："我想炸了这个学校。"她问他怎么了，他说："有人拿针刺我的手指。"他沉默的表情有种让她触目惊心的脆弱，她想安慰他，但他已经不见了。

第二天，当他再一次经过她等车的站台，她没有对他吹口哨。她径直向他走来，在大庭广众之下，不管不顾地轻轻地抱住了他。她听见他手里拿着的那杯冰水应声落地，她闭上眼睛，等着他把她推开，骂她神经病，然后远远逃开。

但他没有，幸好他没有，还好他没有。他只是说："你头发好香，你用什么洗发水的？"

天啊！他的声音真是太好听了！有无数个手拉手转起

圈儿在唯洛洛心里跳起了夏威夷草裙舞。

5

　　唯洛洛有个坏习惯，她喜欢在三更半夜给别人打电话，但她又没什么要说。蔡钦城认为她的目的就是把别人吵醒。鬼才知道她脑袋瓜子里装的是什么。渐渐的蔡钦城不再接她的深夜来电，他还聪明地学会了关机睡觉。

　　为此唯洛洛一周都没有跟他说话。

　　唯洛洛得了一种不打电话给别人就会睡不着的病。

　　聪明的蔡钦城决定铤而走险。他气喘吁吁地跑过来，眼睛亮亮的好像很神秘，他摊开手心，那里安静地躺着两颗安眠药。再一次庆幸，他有一个当医生的妈妈。

　　你啊，真是一个超级无敌大笨蛋。

　　你怎么会明白，恋爱中的女孩子，都会变成一个对着一本书吐出一口红血的病人。爱得越深，病得越重。我们都只会凭着直觉莽撞地去爱一个人，完全不得要领。偏偏少年的自尊心是比天还高的，不屑于说我爱你，不屑于说谢谢你，更羞于说对不起。我们都害怕承认，我爱你比你爱我多一点儿。

　　可怜的唯洛洛变成了一个被上了发条的小人，只能别无选择地随着音乐不停不停不停旋转。有一种绿色植物在她胸口放肆生长，伸出无数蔓藤弯曲缠绕，她觉得自己快要爆炸了。她变得小心眼，神经质，易怒，动不动就是一场轩然大波。每次吵架，嘴里恶狠狠说着"我再也不想看到你"，故作决绝地转身，其实心里在疯狂呐喊，快追上来！快说不要走！快说我爱你。可惜她忘了，蔡钦城是天蝎座的。他最擅长的就是冷暴力。比冷漠、比骄傲、比耐性，没几个人是天蝎座的对手。

每次唯洛洛感觉自己快要崩溃，他却若无其事地走过来牵她的手，带她去买冰淇淋。

她再也忍受不了了。

在操场上，这个他们一起挥洒过几吨汗水的地方。她故作轻松地说，我们分手吧，我不喜欢你了。

他说，"好的。"

没有眼泪，没有挽留。

她比他抢先一步扬长而去，心里已经骂了一万句粗口，还有什么比说分手就分手的分手更没劲的吗？她发誓，这一次，她打死也不会先回头了。

绝不。

夏天快要过去，她从柜架上用力摔下，终于让自己停止了旋转。

6

天气越来越热了，热得令人烦躁，我每天只想抱着手机蹲在马桶上虚度光阴。

夏天不仅是故事和事故的高发峰，也是失眠的高发峰。凌晨时分，唯洛洛的电话又打了进来。

　　"去年这个时候，我和他每天都去街角的奶茶店买两杯柠檬水，加很多很多的冰块，然后把脸贴在杯子上……"

　　"去年这个时候……"已经成了她的固定句式。

　　她告诉我，她现在开始吃去年夏天蔡钦城送给她的安眠药，但一点儿效果都没有，她还是睡不着。我想象着她一个人在乱糟糟的房间不停旋转的样子，不禁有些担心。于是我说："宝贝，不如你来我家住一段时间吧。"

　　"干吗要去你家住啊？"她故意嗲声嗲气。

　　"我家冰箱刚买了一箱冰淇淋和两个大西瓜。"

　　"嗯……让我想想……"

　　夏天的人类是无法拒绝冰淇淋和西瓜的。

　　我继续引诱，"我往电脑里存了很多老电影，有你最爱的周公子。你要是睡不着，我们可以一边挖西瓜一边看电影。"

　　"管鱼，等我满十八岁一定要把你娶回家！"她欢天喜地地说。

　　半个月，她长出了性感的黑眼圈。我发现自从她剪了短发，一双大眼睛显得更大了。当她望着天花板，我不知道她在若有所思些什么。睡觉时她有磨牙的毛病，磨得很大声，咯吱咯吱地响。也许思念一个人就像牙痛，持续而剧烈。要命的是，唯洛洛真的牙痛起来，流出牙齿血。我连哄带骗，她才肯跟我到医院把病牙拔掉。

是啊。喜欢的东西就要努力争取。可唯洛洛因为小时候吃了太多的糖，所以牙齿留下了一个洞。当你牙痛的时候，你会去诅咒那颗甜蜜的糖吗？同样，你深爱一个男孩儿，某天他消失于某处，在你心里留下一个洞。我最喜欢唯洛洛的一点是，她剪了短发，扔掉旧T恤，挣扎着从记忆里走出来，但她从来不会说，我爱了一个烂人。

她从来不这样说。

7

看过一部电影，叫《李米的猜想》。周公子在里面演一个沉默的女司机，耳边夹着一根烟，拿着照片寻找她失踪的爱人。"我们是高中在一起的，都不好好读书，也没什么人在意我们，后来没考上大学……"整部片子看得我心惊肉跳。

唯洛洛说，多希望她一直谈恋爱，永远不安定，做个快乐又放荡的小精灵。姑娘，我何尝不是这样希望呢？

我打电话给蔡钦城，字正腔圆地警告他，不可以随便拿安眠药给别人吃。

他笑着回答，"傻啊你！我怎么可能真的拿安眠药给她，那些不过是维生素C，我妈现在还天天逼着我吃。"

好了，如果这个点你也还没睡，就和我一起守住这个深夜秘密吧。

追

方　圆

有一个东西和我有仇。

这个东西有一个很虚的名字——时光。

这个东西，无论我怎样用力地去追赶它，总会被狼狈地甩下，那可望而不可即的"身影"给了我太多的畏惧、怨恨与无奈，还有一丝夹杂的无力的不甘。

从小就是一个没时间概念的人。也许真的是天生的吧，一年级时不会看表，三年级时不会算日期，五年级对钟表问题一窍不通。

时针转一圈，分针会怎样？分针转一圈呢？如果说刚开始是×点针，过几分钟时针和分针重合？

头开始痛，一把拽过手表，拼命地转着，手表很坚强，转了N圈都没有坏，我的脑子很不坚强，仅仅几圈工夫就晕头转向了。

伏在书桌上，开始充分发挥想象。某某说过的，时间过得很快的，好像是真的挺快的，那是不是就意味着分针与时针的问题就是一个很短的刹那，可以忽略掉。可是很长的时光也是由很多个刹那组成的啊！那我怎么办？

这张练习明天要交的，可不能这样胡思乱想了，冷静下来重新思考分针该如何追上时针的问题，是慢慢晃还是要快快跑？好像……又偏了。

好了，继续，讲讲我对时间怎么个没概念。我想如果不是有人来催我，捧着一本小说我就可以从深夜读到黎明。我是个典型的物质感官生活者，"时光流逝迅猛"这种只属于好孩子的醒悟痛不到我。

但是，小学毕业的那一天措手不及地到来，却真切地刺痛到了我。我写了很多的对老师、同学的不舍，但那天，6月22日，走在回家的路上，我一直在想，六年就像一个眨眼，而这辈子有几个六年，又是几个眨眼的瞬间？

这是之前从未想过的一个问题。现在它们沉重地砌压在我的心头，而可悲的是我却无法回答自己。

我理着凌乱的思绪，不如说是凌乱的思绪正缠绕着我。好像不久之前，我还在发烫的马路边撑开一把伞，伞柄的突口挫到指间，那种暗暗的疼痛还在一张一合着。突然地又迎来了今年的第一场雪，服装店里上了厚重的、有着亮丽色彩与温暖质地的清一色的棉袄和羽绒服。

春末夏初。

隆冬寒雪。

时光原来是很破碎很恍惚的东西。

某天偶然灵感突发——时光在回忆里渐渐显老，那憔悴龙钟的模样。

盯着这个句子看了一会儿，我究竟是该好好地回忆，该用力地去记住两岸的风景，还是迎着激流奋力赶上？

我不明白。也许我真的是个太贪心的人。明明不肯付出，却又奢求着得到什么。

还是说时光欺骗了我？

如果，如果说真的会有如果，我可能追上时光匆匆的脚步，与它并肩而行吗？

抬起头，诧然，时针与分针重合。

分针追上了时针，它既不是慢慢地晃也没有快快地跑。

它只不过在稳稳地走！